Theologische Studien

Neue Folge

TVZ

Theologische Studien

Neue Folge

herausgegeben von
Thomas Schlag, Reiner Anselm,
Jörg Frey, Philipp Stoellger

Die Theologischen Studien, Neue Folge, stellen aktuelle öffentlichkeits- und gesellschaftsrelevante Themen auf dem Stand der gegenwärtigen theologischen Fachdebatte profiliert dar. Dazu nehmen führende Vertreterinnen und Vertreter der unterschiedlichen Disziplinen – von der Exegese über die Kirchengeschichte bis hin zu Systematischer und Praktischer Theologie – die Erkenntnisse ihrer Disziplin auf und beziehen sie auf eine spezifische, gegenwartsbezogene Fragestellung. Ziel ist es, theologisch interessierten Leserinnen und Lesern auf anspruchsvollem und zugleich verständlichem Niveau den Beitrag aktueller Fachwissenschaft zur theologischen Gegenwartsdeutung vor Augen zu führen.

Theologische Studien

NF 20 – 2024

Sabrina Müller, Patrick Todjeras

Neue kirchliche Gemeinschaftsformen entwickeln

Eine Handreichung

TVZ
Theologischer Verlag Zürich

Gedruckt mit freundlicher Unterstützung der Kirchgemeinde Zürich und dem Zentrum für Kirchenentwicklung (ZKE).

Der Theologische Verlag Zürich wird vom Bundesamt für Kultur für die Jahre 2021–2024 unterstützt.

Bibliografische Informationen der Deutschen Nationalbibliothek

Die Deutsche Nationalbibliothek verzeichnet diese Publikation in der Deutschen Nationalbibliografie; detaillierte bibliografische Daten sind im Internet über http://dnb.dnb.de abrufbar.

Umschlaggestaltung: Simone Ackermann, Zürich

Druck: gapp print, Wangen im Allgäu

ISBN 978-3-290-18606-7 (Print)

ISBN 978-3-290-18607-4 (E-Book: PDF)

© 2024 Theologischer Verlag Zürich

www.tvz-verlag.ch

Alle Rechte vorbehalten

Inhalt

Kirchenbildern auf die Schliche kommen (Sandra Bils) 7

Potenziale wirkungsorientierter Kirchenentwicklung (Miriam Zimmer) ... 8

Dank 9

Teil I Ekklesiologischer Hintergrund

1 Einleitung 11
2 Herausforderungen bei der Evaluation und Erforschung neuer kirchlicher Gemeinschaftsformen 13
3 Ekklesiale Kriteriologie 21
3.1 Ekklesiale Merkmale 21
3.2 Selbstverständnis, Organisation und Kontextualität als Merkmal 22
3.3 Innovation als Merkmal 24
3.4 Vitalität als Merkmal 24
4 Handreichung zur (Selbst-)Evaluation neuer kirchlicher Gemeinschaftsformen 27

Teil II Anwendung

5 Kontext der in den folgenden Kapiteln dargestellten Beispiele 31
6 Design und Methode 33
7 Einblicke ins Stadtkloster 35
7.1 Ekklesiologische Kriterien 36
7.2 Identität und Selbstverständnis 40
7.3 Kontextualität 40
7.4 Organisation und Struktur 41
7.5 Zugehörigkeit zur Landeskirche 42
7.6 Innovation 42
7.7 Vitalität 42
7.8 Haltungen und Motivation 49
7.9 Zusammenfassung 50
7.10 Außenwahrnehmung – ein Stimmungsbild 51

8	Einkehr ins Zytlos	53
8.1	Ekklesiologie	54
8.2	Identität und Selbstverständnis	58
8.3	Kontextualität	59
8.4	Organisation und Struktur	59
8.5	Zugehörigkeit	60
8.6	Innovation	60
8.7	Vitalität	60
8.8	Haltungen	65
8.9	Zusammenfassung	65
8.10	Außenwahrnehmung – ein Stimmungsbild	66

9	**Analyse**	69
9.1	Stadtkloster	69
9.2	Zytlos	71
9.3	Exemplarische Gemeinsamkeiten: Motivation und Haltung	72
9.4	Das Stadtkloster und Zytlos im Vergleich	74

10	**Abschließende Bemerkungen**	79
11	**Nachwort: Kirche wagen**	81
12	**Bibliografie**	83

Kirchenbildern auf die Schliche kommen

Derzeit sind die bisherigen ekklesiologischen Denkmuster zur Einordnung kirchlicher Formatierungen massiv herausgefordert. Neue kirchliche Gemeinschaftsformen verlangen nach alternativen Ansätzen, um die veränderte Landschaft adäquat beschreiben zu können. Sabrina Müller und Patrick Todjeras leisten im vorliegenden Buch ein inspirierendes Beispiel induktiver und produktiver Theologie, indem sie Hilfestellungen zur (Selbst-)Evaluation teilen und so Theorie und erfahrungsgesättigte Praxis partizipativ, zur eigenen Anwendung miteinander verbinden.

So wird dieses Buch zu einer wertvollen Lektüre für Haupt- und Ehrenamtliche, sowohl in klassischen Kirchengemeinden als auch in neuen kirchlichen Gemeinschaftsformen, und dient allen, die in gemeindlicher Praxis, Kirchenleitung und theologischer Wissenschaft Kirchenbildern auf die Schliche kommen wollen.

Sandra Bils
Referentin für strategisch-innovative Transformationsprozesse, midi – Evangelische Arbeitsstelle für missionarische Kirchenentwicklung und diakonische Profilbildung

Potenziale wirkungsorientierter Kirchenentwicklung

Innovation und Evaluation gehen Hand in Hand, zumindest wenn Kirche sich in der heutigen Zeit weiter entwickeln will. Das vorliegende Buch zeigt mit praktisch-theologischer und empirischer Expertise exemplarisch auf, wie neue Formen kirchlichen Lebens betrachtet und eingeordnet werden können. Die detaillierte Analyse schaut wohlwollend und zugleich kritisch auf die beiden Neuaufbrüche. Dadurch schafft sie Transparenz, die Grundlage zu (Selbst-)Reflexion und Weiterentwicklung der kirchlichen Gemeinschaftsformen, indem sie Richtungsentscheidungen und gezielte Praxisanpassung ermöglicht – sowohl für die Beteiligten in den beiden kirchlichen Gemeinschaftsformen als auch für die sie umgebenden etablierten kirchlichen Strukturen.

Darüber hinaus weist die Arbeit auf zwei zentrale Entwicklungsfelder von Kirche im Allgemeinen hin: Evaluation als Instrument der (Selbst-)Steuerung und Kirche in der Stadtgesellschaft. Das Lern- und Entwicklungspotenzial in beiden Bereichen ist groß. Die Züricher Studie zeigt die dortigen Potenziale wirkungsorientierter Kirchenentwicklung pragmatisch auf und lädt zum Nachmachen ein.

Miriam Zimmer
Leitung Kompetenzzentrum Pastorale Evaluation / Head of Competence Center of Pastoral Evaluation

Dank

Wir sind dankbar für dieses Buch. Es spiegelt in gewisser Hinsicht unser Theologisieren und unsere Herangehensweise an Praktische Theologie wider. Wir sind darum bemüht, Theologie in einem engen Wechselverhältnis von Praxis und Theorie zu treiben. So ist nun die Veröffentlichung eines evaluativen Vorgehens Teil unseres theologischen Selbstverständnisses, nämlich auf die Praxis kirchlichen Handelns bezogen zu forschen und zu denken. Und: andere zu unterstützen, dies ebenso zu tun.

Wir danken ganz herzlich den finanziellen Unterstützer:innen dieses Buchprojekts, allen voran der Kirchengemeinde Zürich und dem Zentrum für Kirchenentwicklung (ZKE). Ebenso danken wir Pfarrerin Nicole Bruderer-Traber, die bei der Erhebung, Auswertung und Darstellung der Daten intensiv mitgewirkt hat, und stud. theol. Sarah Herzog sowie stud. theol. Sarah Wendelin für die Begleitung bei der Manuskripterstellung.

Zudem danken wir den Herausgeber:innen der Reihe und dem TVZ-Verlag für die Aufnahme.

Schließlich wollen wir den Interviewpartner:innen für die Offenheit und Bereitschaft danken, an diesem Projekt teilzunehmen und so die Praxis kirchlichen Handelns mitzuprägen und mit-zu-erhoffen.

Zürich, November 2023　　　　　　　　Sabrina Müller und Patrick Todjeras

TEIL I
EKKLESIOLOGISCHER HINTERGRUND

1 Einleitung

Unser Ziel ist es, neue kirchliche Gemeinschaftsformen, Kirchgemeinden, Freiwillige, Pfarrpersonen, kirchliche Akteur:innen, Kirchenpflegen und andere zu ermutigen, Kirchenentwicklung und (Selbst-)Evaluation als ergänzende, hilfreiche Tools zu betrachten, welche kontextuell und individuell das Kirche-Sein fördern. In dieser Monografie wird eine Handreichung bereitgestellt, die wir aufgrund ekklesiologischer Überlegungen und Theorieverankerungen erarbeitet und in der Praxis erprobt haben. Mit dieser einfachen und gut anwendbaren Handreichung können kirchliche Initiativen und Entwicklungsprozesse durch ein evaluatives Vorgehen begleitet werden. Forschung, Evaluation und Selbstevaluation[1] sind Werkzeuge, mit denen neue kirchliche Gemeinschaftsformen – und natürlich auch parochiale Kirchgemeinden – entwickelt und gefördert werden können, die aber nach wie vor unterschätzt werden. In dieser Publikation wird ein Evaluationsprozess beschrieben, den wir als Forschende mit zwei kirchlichen Initiativen in der Schweiz durchgeführt haben. Der anhand von zwei neuen kirchlichen Gemeinschaftsformen, Stadtkloster und Zytlos, detailliert dargestellte Evaluationsprozess dient zur exemplarischen Veranschaulichung, wie solche Prozesse ablaufen können. Nicht immer braucht es aber, insbesondere für eine Selbstevaluation, einen umfangreichen Prozess, sondern wiederholte Evaluationen in kleineren Gruppen mithilfe der Handreichung. Notizen dieser Gespräche und daraus resultierenden Zielsetzungen reichen häufig schon aus, um einen Entwicklungsprozess in Gang zu setzen oder weiterzuführen.

Dieses Buch folgt der Logik des beispielhaften Vormachens. In einem ersten Schritt in Kapitel 2 beschreiben wir die Herausforderungen der Evaluation und Erforschung neuer kirchlicher Gemeinschaftsformen. Daraufhin werden in Kapitel 3 die Grundlegungen einer ekklesiologischen Kriteriologie für die Evaluation neuer kirchlicher Gemeinschaftsformen beschrieben. Anders als bei modellhafter und organisationaler Kirchenentwicklung geht es hier in erster

---

[1] Marko Lüftenegger, Barbara Schober, und Christiane Spiel, «Evaluation und Qualitätssicherung», in: *Psychologie für den Lehrberuf*, hg. von Detlef Urhahne, Markus Dresel und Frank Fischer (Berlin, Heidelberg: Springer Berlin Heidelberg, 2019), 522–525, https://doi.org/10.1007/978-3-662-55754-9_26.

Linie nicht um Strukturveränderungen, sondern um theologisch-ekklesiologische Entdeckungen und Entwicklungsprozesse. Im kurz gehaltenen Kapitel 4 wird die operative Handreichung zur (Selbst-)Evaluation neuer kirchlicher Gemeinschaftsformen präsentiert. Mit dieser können die Lesenden auch gleich selbst in ihrer Gemeinde, ihrem Projekt oder ihrer kirchlichen Gemeinschaftsform loslegen. Die Handreichung ist erprobt, sie wurde schon mehrfach angewendet. In Kapitel 5 wird der Kontext von zwei exemplarischen Anwendungen in der Kirchengemeinde Zürich sichtbar. Im Rahmen einer Evaluationsstudie wurde das Zentrum für Kirchenentwicklung der Universität Zürich (UZH) unter der Leitung von PD Dr. Sabrina Müller und in Zusammenarbeit mit Dr. Patrick Todjeras und Nicole Bruderer M.A. mit der Durchführung der Evaluation beauftragt. Ab Kapitel 5 wird die Anwendung der Handreichung exemplarisch dargestellt, und zwar, indem zuerst der Kontext der Studie beschrieben wird. In Kapitel 6 wird das Design der Studie vorgestellt, und in Kapitel 7 und 8 werden exemplarisch die Initiativen Stadtkloster und Zytlos (beide sind kirchliche Initiativen in der Kirchengemeinde Zürich) beschrieben und evaluiert. In Kapitel 9 werden die zwei neuen kirchlichen Gemeinschaftsformen vergleichend analysiert. Abschließend wird in Kapitel 10 ein Fazit gezogen.

2 Herausforderungen bei der Evaluation und Erforschung neuer kirchlicher Gemeinschaftsformen

Die Erforschung ekklesialer Initiativen und neu entstehender kirchlicher Gemeinschaftsformen erfordert häufig einen anderen Forschungsansatz als quantitative Studien, wie sie z. B. in verschiedenen Landes- und Staatskirchen in Europa dominieren. In den Landeskirchen in Deutschland werden beispielsweise regelmäßig Kirchenmitgliedschaftsuntersuchungen durchgeführt,[2] ebenso in der Church of England.[3] Bei diesen Studien gibt es zwar, je länger diese durchgeführt werden, desto mehr Sensibilität für einen Mixed-Method-Ansatz, bei dem zum Beispiel auch qualitative – meist standardisierte – Interviews, aber auch Gruppengespräche integriert werden.[4] Im Vordergrund steht zumeist jedoch die quantitative Erfassung verschiedener Parameter (z. B. der Mitgliederzahlen, der Zufriedenheit, aber auch der Bedeutung von Beziehungen zu Pfarrpersonen und Parameter zu kirchlichen Gebäuden usw.). Was auffällt, ist, dass in diesen Studien davon ausgegangen wird, dass man weiß, was Kirche ist und wie sie sich zeigt, nämlich als organisierte Institution, deren «Normalform» die Ortsgemeinde darstellt. Die mentale Erwartung, was eine Normalform von Kirche und Gemeinde ist, ist ebenfalls in den Theoriebildung zu finden. Das wird auch in vielen deutschsprachigen praktisch-theologischen Lehrbüchern ersichtlich, in denen Kirche als Mischung von Institution und Organisation vorwiegend von der Ortsgemeinde aus definiert wird. Der Bewegungscharakter und neu entstehende Kirchen werden häufig am Rande thematisiert.[5]

---

[2] Sozialwissenschaftliches Institut der EKD, «EKD-Kirchenmitgliedschaftsuntersuchung», 2021, https://www.siekd.de/portfolio/ekd-kirchenmitgliedschaftsuntersuchung. Aufgerufen am 10.10.2022.

[3] Church of England, «Research and Statistics», The Church of England, 2021, https://www.churchofengland.org/about/research-and-statistics. Aufgerufen am 10.10.2022.

[4] Hinsichtlich der Untersuchung innovativer Projekte siehe: Thomas Schlegel u. a., «Landaufwärts – Innovative Beispiele missionarischer Praxis in peripheren, ländlichen Räumen – Die Greifswalder Studie», in: *Freiraum und Innovationsdruck. Der Beitrag ländlicher Kirchenentwicklung in ‹peripheren Räumen› zur Zukunft der evangelischen Kirche*, hg. von Kirche im Aufbruch, 2016, 171–344. Zuletzt eine Studie aus der Nordkirche im Pommerschen Evangelischen Kirchenkreis: Patrick Todjeras, Benjamin Limbeck und Elisabeth Schaser, *«Vielleicht schaffen wir die Trendumkehr». Eine Studie zu Wachsen und Schrumpfen von Kirchengemeinden im Pommerschen Evangelischen Kirchenkreis* (Leipzig: Evangelische Verlagsanstalt, 2022).

[5] Vgl. z. B. Isolde Karle, *Praktische Theologie*, 2., korrigierte Aufl., Lehrwerk Evangelische Theologie, Bd. 7 (Leipzig: Evangelische Verlagsanstalt, 2021), 95–108 und 117–126; oder

Dominant in solchen Studien, wie in der Kirchenmitgliedschaftsuntersuchung der EKD (Evangelische Kirche in Deutschland) oder in soeben genannten Lehrbüchern, sind Perspektiven auf eine institutionalisierte Kirche, insbesondere dann, wenn es noch ein staatlich gestütztes System der Finanzierung gibt. Dabei werden häufig Fragen nach Personalentwicklung, den abnehmenden Mitgliederzahlen und Finanzen gestellt, Diskussionen rund um den Erhalt der teuren Kirchengebäude und über den Umgang mit leerstehenden Gebäuden geführt. Dabei stellt man sich fast einhellig auf eine Zukunft der Kirche ein, die, wie eine der bekanntesten Schweizer Studien von Balif und Stolz sagt, «kleiner, älter, ärmer» sein wird.[6]

In praktischen Diskursen zu Kirchenentwicklung in Landeskirchen und Ortsgemeinden dagegen spielen häufig Modelle und mentale Bilder eine Rolle, durch welche auf attraktionalem Weg, also durch für bestimmte Zielgruppen attraktive Angebote, versucht wird, Mitgliederzahl und Finanzen zu stabilisieren und Gottesdienste wiederzubeleben.[7] Dies ist uns zudem auch persönlich immer wieder aufgefallen, und zwar bei den Beratungen verschiedener Kirchen in Europa.[8] Fragen wir Engagierte und Angestellte in Ortsgemeinden oder in Kantonalkirchen, was Kirche-Sein bedeutet und wie sie sich Kirchenentwicklung vorstellen, wird Kirche über Angebote wie Gottesdienste, Kinder- und Jugendarbeit und Senior:innennachmittag definiert und Kirchenentwicklung als ein Etablieren von neuen Angeboten verstanden.

Was sind nun aber Herausforderungen bei der Erforschung und (Selbst-)Evaluation neuer kirchlicher Gemeinschaftsformen? Eine immer wiederkehrende Herausforderung bei der Erforschung wird so benannt: «[the problem in] mapping small organic style churches is, that they are not as measurable and are more sensitive to the potentially intrusive nature of surveys and research»[9].

Jan Hermelink, *Kirchliche Organisation und das Jenseits des Glaubens. Eine praktisch-theologische Theorie der evangelischen Kirche* (Gütersloh: Gütersloher Verlagshaus, 2011).

[6] Vgl. Jörg Stolz und Edmée Ballif, Die Zukunft der Reformierten: gesellschaftliche Megatrends – kirchliche Reaktionen, 2. Aufl. (Zürich: Theologischer Verlag, 2010). Vergleichbar sagt es Michael Herbst: Michael Herbst, «Reformation re-visited», in: Gottes Kirche reimaginieren. Reflexionen über die Kirche und ihre Sendung im 21. Jahrhundert, hg. von Walter Dürr und Ralph Kunz, Glaube und Gesellschaft, Bd. 3 (Münster, 2016), 17–38.

[7] Vgl. dazu die Ausführung: David Gutmann u. a. (Hg.), *Kirche – Ja bitte! Innovative Modelle und strategische Perspektiven gelungener Mitgliederorientierung* (Neukirchen-Vluyn: Neukirchener, 2019).

[8] Etwa in der Beratung des Bistums Köln oder der Katholischen Diözese Linz.

[9] Osías Segura-Guzmán, «Iglesias Emergentes in Latin America», in: *The Gospel after Christendom: New Voices, New Cultures, New Expressions*, hg. von Ryan K. Bolger (Grand Rapids, MI: Baker Academic, 2012), 4. «Das Problem beim Erfassen von kleinen organischen Kirchen

Denn häufig starten Menschen einfach damit, eine meist kleine, kontextuell angepasste, kirchliche Gemeinschaftsform aufzubauen, und erst nach einer Weile stellen sie fest, dass ein solches Anliegen und ein entsprechendes Phänomen bereits andernorts (vielleicht weltweit) existiert, das Ähnlichkeiten zu ihrer Gruppe aufweist.[10]

Insbesondere dann, wenn kirchliche Gemeinschaftsformen neu entstehen oder in der jeweiligen Denomination noch nicht sehr etabliert und verbreitet sind, erweisen sich qualitative Forschungsansätze als gewinnbringend und weiterführend, und zwar aus dreierlei Gründen.

Zum einen können so inhaltlich-ekklesiologische Fragen geklärt werden, also z. B.: Inwiefern ist das neu Entstehende schon Kirche?

Zum Zweiten können Narrative generiert werden, deren Rezeption wiederum die gesamtkirchliche Akzeptanz insbesondere bei «cutting edge»-Projekten (besonders innovative Projekte) erhöhen können.[11]

Drittens bergen gerade qualitative (im Besonderen partizipative) Forschungsmethoden für junge kirchliche Gemeinschaften auch ein Empowermentpotenzial, wenn sie erkennen, dass das, was sie machen, wirklich schon Kirche ist. Denn durch (Selbst-)Evaluation und Begleitforschung können inhaltliche, theologische und ekklesiologische Fragen aufgespürt, reflektiert und geklärt werden.[12] An dieser Stelle ist es wichtig, nicht in ein allzu vereinfachtes Erfolgsdenken zu geraten.[13]

In der Forschung zu neu entstehenden kirchlichen Gemeinschaften, insbesondere vor dem Horizont ekklesial-missionaler Logiken, ist jedoch auffällig, dass nochmals neu über Ekklesiologie, Liturgie, Gemeinschaft, Nachfolge, Zugehörigkeit und Mitgliedschaftsfragen, aber auch über Mission nachgedacht

---

ist, dass sie nicht so messbar sind und sensibler gegenüber der potenziellen intrusiven Natur von Studien und Forschung.»

[10] Vgl. Ryan K. Bolger (Hg.), *The Gospel after Christendom: New Voices, New Cultures, New Expressions* (Grand Rapids, MI: Baker Academic, 2012), 8.

[11] Ein gutes Beispiel einer solchen Vorreiter-Studie ist: Evangelische Kirche Mitteldeutschland, «Erprobungsräume – Kirche anders entdecken, gestalten, erleben», Erprobungsräume, 2021, https://www.erprobungsraeume-ekm.de. Aufgerufen am 10.10.2022. Untersucht von: Christian Schröder, «Mehr Drama bitte!", EUANGEL, 5. Mai 2018. Vgl. auch Thomas Schlegel, «Kirche erproben. Phänomenologische und ekklesiologische Aspekte», in: ders./Juliane Kleemann (Hg.), *Erprobungsräume. Andere Gemeindeformen in der Landeskirche* (Leipzig: Evangelische Verlagsanstalt, 2022, 201–236).

[12] Besondere Beachtung verdient eine Ausgabe in der katholischen Zeitschrift «Lebendige Seelsorge», die sich mit Evaluationen im (katholischen) kirchlichen Kontext beschäftigt: Christian Bauer u. a. (Hg.), «Pastorale Evaluation», in: *Lebendige Seelsorge* 73, Nr. 3 (2022).

[13] Johanna Rahner widmet sich der Spannung zwischen Mess-Intentionen und Erfolgsdenken. Johanna Rahner, «Mess-Intentionen? Das Anliegen pastoraler Evaluation in gnadentheologischer Reflexion», in: *Lebendige Seelsorge* 73, Nr. 3 (2022), 162–163.

wird. So wird z. B. danach gefragt, ab wann «etwas Kirche ist»,[14] wie eine Liturgie aussehen kann und muss, die sowohl für die Menschen des jeweiligen Kontexts verständlich ist, aber auch in den Traditionen christlicher Liturgien steht.[15] Ganz neu wird auch darüber nachgedacht, wie denn nun Zugehörigkeit definiert werden muss.[16] Dies hat einen großen Einfluss darauf, wie ekklesiale Studien entworfen werden müssen, welche Fragen gestellt werden sowie welche und wie Erhebungen durchgeführt werden. Auffällig ist dabei, um das vorwegzunehmen, dass häufiger mit teilnehmender Beobachtung und Feldforschung, nichtstandardisierten Interviews und partizipativen Forschungsansätzen gearbeitet wird.[17] In dieser kurzen Monografie versuchen wir nun, einen Einblick in Evaluationsmöglichkeiten für Fremd- und Selbstevaluation zu geben, um aufzuzeigen, wie neue kirchliche Gemeinschaftsformen untersucht werden oder sich selber evaluieren können. Damit wird ein reflexiver Prozess nach innen und nach außen angestoßen.

Das vorliegende Evaluationsverständnis ist somit pragmatisch und auf kirchliches Handeln sowie die Veränderung kirchlichen Handelns gerichtet, also im Rahmen der angewandten Forschung zu verstehen.[18] «As not every-

---

[14] Vgl. z. B. Graham Cray (Hg.), *Mission-Shaped Church: Church Planting and Fresh Expressions of Church in a Changing Context*, 5. Aufl. (London: Church House Publishing, 2004); George Lings, «The Day of Small Things – An Analysis of Fresh Expressions of Church in 21 Dioceses of the Church of England» (Sheffield: Church Army's Research Unit, 2016), https://churcharmy.org/wp-content/uploads/2021/04/the-day-of-small-things.pdf.; Sabrina Müller, *Fresh Expressions of Church* (Zürich: Theologischer Verlag Zürich, 2016).
Zu den Erprobungsräume in der EKM siehe Michael Herbst, «Erprobungsräume als Erlaubnis zum Experiment in der Transformationskrise der Kirche», in: Hofmeister 2023, 123–138, hier 124, sowie ders., «Die Mission der Kirche erproben», in: Thomas Schlegel und Juliane Kleemann (Hg.), *Erprobungsräume. Andere Gemeindeformen in der Landeskirche* (Leipzig: Evangelische Verlagsanstalt, 2021), 440–449.

[15] Vgl. Ian Mobsby, *Moot Community Little and Compline Services* (London: Proost, 2009); Ian Mobsby und Mark Berry, *A New Monastic Handbook: From Vision to Practice* (Norwich: Canterbury Press, 2014).

[16] Vgl. Stephen Kuhrt, «Messy Church and the Challenge of Making Disciples», in: *Being Messy, Being Church: Exploring the Direction of Travel for Today's Church*, hg. von Ian Paul (Abingdon: The Bible Reading Fellowship, 2017), 155–167.

[17] Vgl. als weiterführende Literatur dazu Henk de Roest, *Collaborative Practical Theology: Engaging Practitioners in Research on Christian Practices*, Theology in Practice 8 (Leiden: Brill, 2019).

[18] Lüftenegger, Schober und Spiel, «Evaluation und Qualitätssicherung», 519. Miriam Zimmer hat dies pointiert formuliert als «Kirchenentwicklung gestalten mit Evaluation». Miriam Zimmer, «Kirchenentwicklung gestalten mit Evaluation. Eine Theorie des Wandels», in: *Lebendige Seelsorge* 73, Nr. 3 (2022), 165–171.

thing can be done, there must be a basis for deciding which things are worth doing. Enter evaluation.»[19]

In der Grundlagenliteratur werden fünf zusammenhängende Funktionen der Evaluation genannt:[20]
- Erkenntnisfunktion: Evaluationen sollen Erkenntnisse liefern, die den Auftraggebenden der Evaluation und den Zielgruppen der Maßnahme nutzen.
- Lern- und Dialogfunktion: Im Laufe der Evaluation vollziehen die Beteiligten Lernprozesse, und verschiedene Stakeholder:innen treten miteinander in Dialog. Wichtig sind dabei der Einbezug aller Stakeholder:innengruppen und die Vermittlung zwischen diesen bei divergierenden Positionen.
- Optimierungsfunktion: Häufig sollen Evaluationen Grundlagen zur Optimierung von Maßnahmen liefern. Da im Vorfeld derartiger Evaluationen zumeist weder sämtliche Aspekte noch die vorhandenen Gestaltungsmöglichkeiten bekannt sind, kommt hier in der Regel eine formative Evaluation zum Einsatz. In enger Kooperation mit den verschiedenen Stakeholder:innengruppen werden (vor allem qualitative) Daten erhoben, die Informationen über Problembereiche sowie Optimierungsmöglichkeiten liefern.
- Entscheidungsfunktion: Evaluationsergebnisse bilden sehr oft die Grundlage für Entscheidungen. Aus den Evaluationsergebnissen abgeleitete Praxisempfehlungen können als Entscheidungshilfe dienen.
- Legitimationsfunktion: Sowohl die Durchführung von Evaluationen als auch ihre Befunde dienen zur Legitimierung einer Maßnahme vor anderen (z. B. das Bildungsministerium verlangt vor der weiteren Finanzierung von Fortbildungen für Lehrkräfte einen Beleg ihrer Wirksamkeit). In vielen Fällen kommen in einer Evaluation mehrere dieser Funktionen zum Tragen.[21]

---

[19] Zitiert, in: Lüftenegger, Schober und Spiel, «Evaluation und Qualitätssicherung», 518. «Da nicht alles getan werden kann, muss es eine Grundlage geben anhand der entschieden wird, welche Dinge es wert sind zu tun. Begeben Sie sich in Evaluation.»

[20] Nicola Döring und Jürgen Bortz, «Evaluationsforschung», in: *Forschungsmethoden und Evaluation in den Sozial- und Humanwissenschaften*, Springer-Lehrbuch (Berlin, Heidelberg: Springer Berlin Heidelberg, 2016), 987, https://doi.org/10.1007/978-3-642-41089-5_18.

[21] Auf die Kirche bezogene Funktionen von Evaluation beschreibt Miriam Zimmer mit: «(1) Evaluation schafft Bewusstsein für Wirkungsorientierung.» «(2) Evaluation erkennt vielversprechende Projekte und Initiativen.» «(3) Evaluation misst, ob und wie pastorales Handeln wirkt.» «(4) Evaluation macht erfolgreiche Pastoral sichtbar.» «(5) Evaluation identifiziert wirkungs- und vitalitätsrelevante Bedingungen von Pastoral.» «(6) Evaluation schlägt gezielte Unterstützung für innovative Projekte vor.» «(7) Evaluation entwickelt Vorschläge, wie Unterstützungsstrukturen zur Vitalisierung pastoraler Praxis aufgebaut werden können.» «(8) Evaluation informiert Stakeholder:innen über Instrumente und Methoden zur Steigerung

Dem beizufügen ist eine Begriffsbestimmung: Die Unübersichtlichkeit im Feld gerade bezüglich ekklesialer Bewegungen und neuer kirchlicher Gemeinschaftsformen ist nach wie vor ein Problem für die Forschung. Es gibt verschiedene ekklesial-missionale Bewegungen, die mit unterschiedlichen Bezeichnungen versehen werden. Sie entstanden und entstehen immer noch separat, in verschiedenen Konfessionen und Kontexten. Auf den ersten Blick scheinen sie recht unabhängig voneinander zu sein. Bei genauerem Hinschauen wird aber ersichtlich, dass viele der neueren ekklesialen Bewegungen ähnliche Logiken verwenden, ähnliche Referenzrahmen und theologische Motive haben, aber in unterschiedlichen Denominationen (oder gar nicht mehr denominationell) und in verschiedenen Kontexten beheimatet sind.[22] Zudem werden unterschiedliche Bezeichnungen für die ekklesialen Bewegungen verwendet, wie «fresh expressions of Church»,[23] «emerging church conversation»,[24] «new monastic movements»,[25] «Small Christian communities»,[26] «Erprobungsräume»,[27] «Pioneer-

---

kirchlicher Vitalität.», in: Miriam Zimmer, «Kirchenentwicklung gestalten mit Evaluation. Eine Theorie des Wandels», 170–171.

[22] Für eine Diskussion der verschiedenen Bewegungen vgl. Sabrina Müller, «Church Development from a Missional Perspective», in: *Mission Studies* 36, Nr. 1 (2019): 127–144, https://doi.org/10.1163/15733831-12341621.

[23] Vgl. Graham Cray u. a., *Mission-Shaped Church: Church Planting and Fresh Expressions of Church in a Changing Context* (London: Church House, 2004); Michael Moynagh, *Church for Every Context. An Introduction to Theology and Practice* (London: SCM Press, 2012); Sabrina Müller, *Fresh Expressions of Church: Ekklesiologische Beobachtungen und Interpretationen einer neuen kirchlichen Bewegung* (Zürich: Theologischer Verlag Zürich, 2016).

[24] Vgl. u. a. Patrick Todjeras, «*Emerging Church» – ein dekonversiver Konversationsraum. Eine praktisch-theologische Untersuchung über ein anglo-amerikanisches Phänomen gelebter Religiosität*, Beiträge zu Evangelisation und Gemeindeentwicklung 28 (Göttingen: Vandenhoeck & Ruprecht, 2020), 119–196; Brian D. McLaren, *A New Kind of Christian. A Tale of Two Friends on a Spiritual Journey* (San Francisco: Jossey-Bass, 2001); Michael Frost und Alan Hirsch, *The Shaping of Things to Come: Innovation and Mission for the 21st-Century Church*, 2. Aufl. (Grand Rapids, MI: Baker Books, 2013).

[25] Vgl. Elaine A. Heath und Larry Duggins, *Missional. Monastic. Mainline: A Guide to Starting Missional Micro-Communities in Historically Mainline Traditions* (Eugene, OR: Cascade Books, 2014); Mobsby und Berry, *A New Monastic Handbook*; Sabrina Müller, «New Monasticism: Accountability in Christian Communities», in *Western and Eastern Perspectives on Religion and Religiosity*, hg. von Sarah Demmrich und Ulrich Riegel, Research on Religious and Spiritual Education 14 (Münster: Waxmann, 2021), 115–130.

[26] Vgl. Christian Hennecke und Birgit Stollhoff, *Seht, ich schaffe Neues – schon sprosst es auf: Lokale Kirchenentwicklung gestalten* (Würzburg: Echter, 2014); «AsIPA in der Schweiz | asipa.ch», Aufgerufen am 20. April 2017, https://asipa.ch/asipa-in-der-schweiz.

[27] Vgl. Evangelische Kirche Mitteldeutschland, «Erprobungsräume – Kirche anders entdecken, gestalten, erleben»; Kolja Koeniger, Gunther Schendel und Carla J. Witt, «Vom Testfall lernen: Zur Evaluation der ‹Erprobungsräume› in der EKM – ein Werkstattbericht», *Praktische Theologie* 55, Nr. 1 (1. Mai 2020), 52–58, https://doi.org/10.14315/prth-2020–550110.

ing Places»²⁸ usw. Wir haben uns dazu entschieden, den Begriff *neue kirchliche Gemeinschaftsformen* zu verwenden. Dieser wird in dieser Monografie standardmäßig als Überbegriff für die vielfältigen Phänomene neu entstehender, nicht-parochial verorteter Kirchen verwendet.

---

[28] Vgl. Martijn Vellekoop, *Fingers crossed. Developments, lessons learnt and challenges after eight years of pioneering* (Utrecht: Protestantse Kerk, 2017), https://www.lerenpionieren.nl/wp-content/uploads/2017/01/Fingers-Crossed-fresh-expressions-in-the-Netherlands.pdf.

3 Ekklesiale Kriteriologie

3.1 Ekklesiale Merkmale

Die hier verwendeten ekklesialen Merkmale betrachten wir als «sensitizing tools»[29] für kirchliche Innovationsprozesse. Der Bezugspunkt dabei ist praxeologisch und explorativ und hat an dieser Stelle nicht die Funktion, eine Theorie der Kirche zu entwickeln (also normativ).[30]

Für die theoretische Grundlegung einer Kriteriologie zur Erforschung und Evaluation neuer kirchlicher Gemeinschaftsformen ist zunächst konstitutiv, mit welchen Kriterien sich eine Gemeinschaft als kirchliche Gemeinschaft erweist, wie sich ihr innovativer Charakter sowie ihre Vitalität erkennen und erfassen lassen: Was ist nötig, um eine *kirchliche* Gemeinschaftsform zu sein? Welche Rolle sollen die Gemeinschaftsbildung (*koinonia*), der Dienst an den Nächsten (*diakonia*), die Kommunikation des Evangeliums (*martyria*) sowie das gottesdienstliche Leben und andere religiöse Praxis (*leiturgia*) haben?

Diese ekklesialen Merkmale sind im Kern identisch mit dem, was Kirche ausmacht, bzw. bringen eine andere versprachlichte Form von Kirche zum Ausdruck. Sie werden als Aspekte des Kirche-Seins in ihrem Vollzug sichtbar und somit auch überprüfbar und eröffnen Raum für einen Diskurs über Kirchen- und Gemeindeentwicklung. Zudem kann die Überprüfbarkeit in Bezug auf die geistlichen Grundlagen, die der Kirche gegeben sind, erweitert werden, und zwar im Horizont der Versammlung um Wort und Sakrament sowie deren Verhältnis zu den Anfängen und dem Bleiben im Glauben (Taufe und Abendmahl).[31]

Eine weitere Form der Versprachlichung der ekklesialen Merkmale sind die fünf Dimensionen kirchlichen Seins, die in vielen internationalen ökumenischen Diskussionen verwendet werden. So wird dabei vom Sendungsbe-

---

[29] Wir verwenden den Begriff «sensitizing tools», der inspiriert ist von Herbert Blumers Begriffspaar «sensitizing concepts» für die qualitative Forschung. Vgl. Herbert Blumer, «What is Wrong with Social Theory?», *American Sociological Review* 19, Nr. 1 (1954), 7, https://doi.org/10.2307/2088165.

[30] Hier folgen wir den ekklesiologischen Überlegungen («Ekklesiomatrix») von Rebecca John Klug, *Kirche und Junge Erwachsene im Spannungsfeld: Kirchentheoretische Analysen und eine explorative Studie zur ekklesiologischen Qualität ergänzender Ausdrucksweisen des christlichen Glaubens* (Göttingen: Vandenhoeck & Ruprecht, 2020), 137–162, 178–296.

[31] Vgl. CA VII «Das Augsburger Bekenntnis – VELKD», Vereinigte Evangelisch-Lutherische Kirche Deutschlands, Aufgerufen am 27. März 2020, https://www.velkd.de/theologie/augsburger-bekenntnis.php.

wusstsein und dem Sendungsauftrag der Kirche in die Welt, also der Missio Dei,[32] ausgegangen, die sich in fünf Facetten zeigen. Es wird die gute Nachricht vom Reich Gottes kommuniziert; Menschen werden auf ihrem Glaubensweg begleitet, gelehrt, getauft und gefördert; menschlicher Not wird durch liebevollen Dienst begegnet; es wird danach gestrebt, ungerechte gesellschaftliche Strukturen zu verändern; die Schöpfung wird bewahrt und erhalten.[33] Der Bildungsbegriff ist dabei in allen fünf Dimensionen zentral, denn Bildungs- und Gemeindebildungsprozesse gehen Hand in Hand.

3.2 Selbstverständnis, Organisation und Kontextualität als Merkmal

Neben den Merkmalen, die das Kirche-Sein bestimmen, sind es noch weitere Merkmale, die sich auf neue kirchliche Gemeinschaftsform in ihrer Besonderheit beziehen:

1. Fragen der Identität und des Selbstverständnisses: Diese beziehen sich darauf, herauszufinden, ob und in welcher Hinsicht die Gemeinschaftsform zu einer Klärung ihres Da-Seins gekommen ist, beispielsweise in welchen Bezügen diese steht.
2. Aspekte der Organisation und Struktur der Gemeinschaftsform: Hierzu werden Fragen der Zugänglichkeit, Öffentlichkeit, Regelmäßigkeit, inneren und äußeren Struktur (Zeit, Raum, Ort, Leitung, Abläufe usw.) und Transparenz der Mitwirkungsbereitschaft einer Klärung zugeführt. Ein weiterer wesentlicher Faktor ist jener des Verhältnisses zur Kirch-

---

[32] Vgl. u. a. Tormod Engelsviken, «‹Missio Dei›. Verständnis und Missverständnis eines Theologischen Begriffs in den Europäischen Kirchen und der Europäischen Missionstheologie», in: *Missio Dei heute. Zur Aktualität eines missionstheologischen Schlüsselbegriffs*, hg. von Evangelisches Missionswerk in Deutschland in Kooperation mit der Evangelischen Kirche von Kurhessen-Waldeck, Weltmission heute – Studienheft 52 (Hamburg, 2003), 35–57; Andreas Grünschloss, «Missio Dei», in: *Religion in Geschichte und Gegenwart. Handwörterbuch für Theologie und Religionswissenschaft*, hg. von Hans Dieter Betz u. a. (Stuttgart: UTB, 2008); Georg F. Vicedom, *Missio Dei. Einführung in eine Theologie der Mission* (München: Kaiser, 1958); David J. Bosch, *Transforming Mission. Paradigm Shifts in Theology of Mission* (Maryknoll, NY: Orbis Books, 1991); Patrick Todjeras, «Missio Dei – Gott, seine Mission und die Kirche», in: *Fresh X – Frisch. Neu. Innovativ. Und es ist Kirche*, hg. von Hans-Hermann Pompe, Patrick Todjeras und Carla J. Witt (Neukirchen-Vluyn: Neukirchener, 2016), 57–70.

[33] Vgl. dazu Cathy Ross, «An Exposition and Critque of the Five Marks of Mission», in: *Ekklesiologie in missionarischer Perspektive. Beiträge zur siebenten Theologischen Konferenz im Rahmen des Meissen-Prozesses der Kirche von England und der Evangelischen Kirche in Deutschland, in Salisbury/England (2011) = Ecclesiology in mission perspective*, hg. von Christoph Ernst u. a. (Leipzig: Evangelische Verlagsanstalt, 2012), 146–157.

gemeinde und Landeskirche bzw. der Einordnung in die kirchliche Landschaft.
3. Fragen der Kontextualität der Gemeinschaftsform: Sie interessieren im Blick auf die Besonderheit der Vergemeinschaftung: Welchem Kontext wendet sich diese Gemeinschaftsform zu? Von welchen Milieus, Netzwerken, Menschen, Orten oder Stilen ist die Gemeinschaft geprägt bzw. bringt diese zum Vorschein und pflegt sie?

Abbildung 1: Sechs Merkmale neuer kirchlicher Gemeinschaftsform evaluieren

3.3 Innovation als Merkmal

Im Anschluss an die Klärung des Aspekts der Ekklesialität ist weiter zu fragen: Was ist nötig, um als *innovative* Gemeinschaftsform zu gelten? Leitend ist dabei die Frage, welches Problem oder welche Herausforderung – im Blick auf die Ermöglichung sozialer Beziehungen – besser gelöst wird als durch vergleichbare Angebote im Umfeld.[34] Dabei ist häufig zu beobachten, dass eine volkskirchliche Logik ergänzt oder durchbrochen wird – etwa Finanzierungswege, die Nutzung von Gebäuden; oder das Verhältnis von Haupt- und Ehrenamt wird neu geklärt oder eine neue Angebotsstruktur wird etabliert.

3.4 Vitalität als Merkmal

Zuletzt bleibt ein dritter, wesentlicher Aspekt der Kriteriologie zu klären: Was ist nötig, um eine *vitale* Gemeinschaftsform zu sein?[35] Dies soll im Folgenden durch neun Fragehorizonte beleuchtet werden, welche eine verdichtete Beschreibung des Gegenstands ermöglichen, ohne dabei Vollständigkeit zu beanspruchen:[36]

1. Wo und wie zeigt sich die Veränderungs- und Lernbereitschaft der Gemeinschaft?
2. Wie wird die Selbst-Verantwortung realisiert? Diese kann sich in vier Dimensionen zeigen: in der Selbstfinanzierung, der eigenverantwortlichen Leitung, dem Charakter der Multiplikation und Reproduktion sowie in der theologischen Produktivität und Sprachfähigkeit.
3. Wo und wie wird die Mündigkeit evangelischen Christseins gestärkt? Wie wird das Thema der Nachfolge thematisiert und gefördert?
4. Wie wird für Nachhaltigkeit gesorgt, etwa im Blick auf Kontinuität und Verlässlichkeit?

---

[34] Hier wird Innovation als soziale Innovation verstanden. Vgl. dazu: Wolfgang Zapf, «Über soziale Innovation», Soziale Welt 40 (1+2) (1989), 170–183; Michael Herbst, «Innovationskultur – Mut zu neuen vielfältigen Gemeindeformen», epd-Dokumentation H. 14 (2016), 52–60.

[35] Die deutschsprachige Debatte wurde hierzu besonders durch Robert Warren angestoßen. Robert Warren, *Auf dem Weg der Erneuerung. Vitale Gemeinden entwickeln und leben*, BEG-Praxis (Neukirchen-Vluyn: Neukirchener, 2018); Robert Warren, *Vitale Gemeinde. Ein Handbuch für die Gemeindeentwicklung*, BEG-Praxis (Neukirchen-Vluyn: Neukirchener Aussaat, 2013).

[36] Uns ist bewusst, dass der Vitalitätsbegriff einerseits reizvoll und andererseits problematisch erscheint. Der Horizont des Diskurses wird angedeutet, in: Felix Eiffler und David Reißmann (Hg), «Wir können's ja nicht lassen …»: Vitalität als Kennzeichen einer Kirche der Sendung, in: Mission und Kontext, Bd. 1. (Leipzig: Evangelische Verlagsanstalt, 2023).

5. Wie werden Freiwillige identifiziert und befähigt?
6. Welche Konflikterfahrungen sind vorhanden? Wie wurde darüber reflektiert?
7. Gibt es eine Orientierung «nach außen», d. h. über die gegenwärtige Gemeinschaft hinaus? Sind die Präsenz und Aktivität der Gemeinschaft im Sozialraum erkennbar und relevant? Zeigt sich also die jeweilige Gemeinschaft auch als zivilgesellschaftliche Akteurin?[37] Wird damit eine öffentliche Ausstrahlungskraft gewonnen?
8. Ist eine Anziehungskraft für den christlichen Glauben und den kirchlichen Kontext gegeben?
9. Wie werden Haltungen thematisiert und sichtbar?[38] Welche Werte werden thematisiert und sichtbar (z. B. im Blick auf das Menschenbild, das Bild von Mitarbeiter:innen, das Verhältnis zwischen Verantwortlichen und Teilnehmer:innen, das Theologisieren im Sinn der Sprach- und Dialogfähigkeit des Glaubens)? Welche Rolle spielen verschiedene Motivationen, beispielsweise Partizipationsmotivation oder Wertschätzung?

---

[37] Thomas Schlag, *Öffentliche Kirche. Grunddimensionen einer praktisch-theologischen Kirchentheorie*, Theologische Studien NF 5 (Zürich: Theologischer Verlag Zürich, 2012).
[38] Dieser Punkt wurde auf der Grundlage der Interviewanalysen hinzugefügt und nicht mit den Auftraggeber:innen besprochen.

4 Handreichung zur (Selbst-)Evaluation neuer kirchlicher Gemeinschaftsformen

Wie können nun neue kirchliche Gemeinschaftsformen evaluiert werden oder sich selbst evaluieren, sodass insbesondere ihre theologisch-ekklesiologische Qualität in den Blick kommt und gleichzeitig dem Entstehungsprozess, in dem sie sich befinden, Rechnung getragen wird? Zunächst soll eine knappe Anleitung für die Wahrnehmung innovativer, vitaler kirchlicher Gemeinschaftsformen geboten werden, die sich aus der soeben beschriebenen Kriteriologie ableitet und in den folgenden Kapiteln exemplarisch an der Analyse des Stadtklosters und von Zytlos gezeigt wird.[39] Auf diese Weise können ein gesamtheitlicheres Bild erschlossen und Bruchstellen deutlich werden. Zudem empfiehlt es sich, sowohl die Teilnehmenden als auch Außenstehende zu befragen.

Der folgende Fragebogen kann für die Analyse herangezogen werden:

Was macht die Gemeinschaftsform zu *Kirche*?
- Wie ist das Verständnis von Gemeinschaft (*koinonia*)? Wie zeigt es sich?
- Wie ist das Verständnis vom Dienst am Nächsten (*diakonia*)? Wie zeigt es sich?
- Wie ist das Verständnis von der Kommunikation des Evangeliums (*martyria*, Bildung)? Wie zeigt es sich?
- Wie ist das Verständnis von gottesdienstlichem Leben und anderer religiöser Praxis (*leiturgia*)? Wie zeigt es sich?
- Wie ist das Verständnis der Anfänge im Glauben (Taufe) und dem Bleiben im Glauben (Abendmahl, Bildung)? Wie zeigt es sich?

Welches *Selbstverständnis* herrscht vor?
- Wie wird die Identität beschrieben/sichtbar?

Wie *organisiert und strukturiert* sich die Gemeinschaftsform?
- Welche Räume werden verwendet?
- Welche Zeiten und zeitliche Abläufe fallen auf?

---

[39] Manchmal kann dabei eine Zweiteilung in vorerst quantitative, zahlenbasierte und anschließend qualitative, verbalfokussierte Datensammlung zu den jeweiligen Fragestellungen hilfreich sein.
Im vorliegenden Vorschlag wird im Blick auf die Ekklesiologie ein Weg gewählt, der ebenso entlang der Dimensionen kirchlichen Seins erfolgen kann.

- Welche Orte spielen eine Rolle?
- Welche Form der Leitung zeigt sich?
- Wie ist die Zugänglichkeit etwa im Blick auf die Öffentlichkeit und Kommunikation ermöglicht?

Welchem *Kontext* wendet sich diese Gemeinschaftsform zu?
- Von welchen Milieus, Netzwerken, Menschen, Orten oder Stilen ist die Gemeinschaft geprägt beziehungsweise lebt diese?

In welcher Art und Weise ist diese Gemeinschaftsform *innovativ*?
- Welches Problem löst diese Gemeinschaft durch ihre Angebote «besser» als vergleichbare Angebote im Kontext?

Wie zeigt sich die *Vitalität* der Gemeinschaftsform?
- Wo und wie zeigt sich die *Veränderungs- und Lernbereitschaft* der Gemeinschaft?
- Wie wird die *Selbst-Verantwortung* realisiert? Diese bezieht sich auf vier Dimensionen, nämlich die Selbstfinanzierung, die eigenverantwortliche Leitung, den Charakter der Multiplikation und Reproduktion sowie die theologische Produktivität und Sprachfähigkeit.
- Wo und wie wird die *Mündigkeit* evangelischen Christseins gestärkt? Wie wird das Thema der Nachfolge thematisiert und gefördert?
- Wie wird für *Nachhaltigkeit* gesorgt, etwa im Blick auf Kontinuität und Verlässlichkeit?
- Wie werden *Freiwillige* identifiziert und befähigt?
- Welche *Konflikterfahrungen* sind vorhanden? Wie wurde darüber reflektiert?
- Gibt es eine *Orientierung «nach außen»*, d. h. über die gegenwärtige Gemeinschaft hinaus? Ist die Präsenz und Aktivität der Gemeinschaft im Sozialraum erkennbar und relevant? Wird damit eine öffentliche Ausstrahlungskraft gewonnen?
- Ist eine *Anziehungskraft* für den christlichen Glauben und den kirchlichen Kontext gegeben?
- Wie werden *Haltungen* thematisiert und sichtbar? Welche Werte werden thematisiert und sichtbar?
- Welche Rolle spielen verschiedene *Motivationen* bei den Teilnehmenden? Welche werden genannt und sichtbar?

Für die Bearbeitung und Auswertung des Fragebogens ist zunächst grundlegend zu evaluieren, ob es den genannten Fragehorizont in der kirchlichen Gemeinschaftsform oder der Gemeinde überhaupt schon gibt. Kann also beispielsweise nach der Organisationsstruktur oder liturgischen Praxis gefragt werden oder gibt es die (noch) nicht? Die theoriegeleiteten Kriterien gehen von deren Vorkommen in innovativen, vitalen und ekklesialen Gemeinschaften aus. In welcher Form sie tatsächlich in der Praxis auftreten, variiert je nach kirchlicher Gemeinschaftsform und ist erst in einem nächsten Schritt dialogisch zu bearbeiten.

TEIL II
ANWENDUNG

5 Kontext der in den folgenden Kapiteln dargestellten Beispiele

Im Rahmen des Monitoring- und Evaluationsprojekts «Vitale kirchliche Gemeinschaftsformen und ekklesiale Vielfalt in der Kirchgemeinde Zürich» wurden vom Zentrum für Kirchenentwicklung (ZKE)[40] der Universität Zürich unter der Leitung von PD Dr. Sabrina Müller und unter Mitarbeit von Dr. Patrick Todjeras und Nicole Bruderer sogenannte «ekklesiale Innovationen» im Auftrag der Kirchenpflege[41] der reformierten Kirchgemeinde Zürich erforscht. Bei diesen handelt es sich um neue kirchliche, partizipative Gemeinschaftsformen, die ergänzend zu den örtlichen bzw. parochialen bestehenden Kirchenorten entstehen. Sie sind kontextuell in spezifischen Netzwerken, Quartieren und bei Zielgruppen verortet. Durch diese Gemeinschaftsformen werden insbesondere Menschen angesprochen, die entweder kaum oder bislang gar nicht in anderen kirchlichen Gemeinschaftsformen bzw. Kirchenorten beheimatet sind. Sie sind in besonderer Weise kontextsensibel und handeln diakonisch. Gelebter christlicher Glaube und die Kommunikation des Evangeliums bilden die Grundlage des eigenen Selbstverständnisses. In diesen Gemeinschaftsformen suchen die Teilnehmenden danach, die befreiende Kraft Gottes zu erleben und eine Praxis der Nachfolge zu erfahren. Diese Gemeinschaftsformen verstehen sich als Kirche und sind bestrebt, die ekklesialen Merkmale (*koinonia, diakonia, martyria, leiturgia*) auszuprägen.

In einem ersten Teilprojekt wurden neue kirchliche Gemeinschaftsformen in der Stadt Zürich genauer unter die Lupe genommen und auf ihre ekklesialen Merkmale, aber auch in Bezug auf ihre Zielgruppen, Arbeitsweisen, finanziellen Ressourcen usw. untersucht. Danach wurde ein zweites Teilprojekt[42]

---

[40] «Zentrum für Kirchenentwicklung UZH» (Universität Zürich), Aufgerufen am 6. Februar 2020, www.theologie.uzh.ch/de/faecher/praktisch/kirchenentwicklung.html.
[41] Die Kirchenpflege ist in der reformierten Landeskirche Zürich die Bezeichnung für die Kirchenvorsteherschaft / das Presbyterium.
[42] Für einen umfassenden und detaillierten Einblick in die Forschungsmethodik, Evaluation, Resultate und konkreten Empfehlungen an die reformierte Kirchgemeinde Zürich siehe Sabrina

durchgeführt, eine sogenannte Tiefenbohrung, bei welchem die beiden innovativen ekklesialen Gemeinschaftsformen Stadtkloster und Zytlos im Zeitraum von November 2019 bis Juni 2020 erforscht wurden. Der vorliegende zweite Teil der Monografie gibt vorwiegend die Inhalte und Ergebnisse des zweiten Teilprojekts in komprimierter Form wieder, weil diese die Handreichung veranschaulichen, für andere Kirchgemeinden und Landeskirchen ekklesiologisch anschlussfähig sind und Impulse zur Kirchenentwicklung bieten können. Die Erträge des besagten Teilprojekts sollen im Folgenden näher vorgestellt und die Handreichung für den praktischen Gebrauch nachvollziehbar dargestellt werden.

Etwaige Veränderungen der Strukturen, Umstände und Teilnehmendenzahlen beider Projekte, beispielsweise durch den Einfluss des pandemischen Geschehens, welche zeitlich nach der Analyse erfolgten, konnten hierfür nicht mehr berücksichtigt werden.

Müller, «Vitale kirchliche Gemeinschaftsformen und ekklesiale Vielfalt in der Kirchgemeinde Zürich. Detailanalyse: Stadtkloster und Zytlos. Schlussbericht mit Empfehlungen für den Umgang mit neuen ekklesialen Gemeinschaftsformen zuhanden der reformierten Kirchgemeinde Zürich» (Zürich: ZKE, 2020).

6 Design und Methode

Auf der Basis der Kriteriologie und der Handreichung wurden zuerst öffentliche Quellen, Gespräche mit Projektverantwortlichen sowie zur Verfügung gestellte interne Dokumente, teilnehmende Beobachtungen[43] und schriftlicher Austausch mit den jeweiligen Projektverantwortlichen zur Datenmaterialerhebung herangezogen. Im Sinne von «Participatory Action Research»[44] und «Citizen Science»[45] wurden hierzu Stimmen aus konkreten neuen kirchlichen Gemeinschaftsformen, also vom Stadtkloster und von Zytlos, der Kirchgemeinde Zürich und solche von Verantwortlichen rund um diese berücksichtigt. Dies erfolgte mit der Absicht, die Realität der Gemeinschaftsformen möglichst gut zu berücksichtigen und eine Abbildung der Innenperspektive zu ermöglichen. Zudem wurden Stimmungsbilder von Akteur:innen in der Kirchgemeinde Zürich zum Zweck der Darstellung einer Außenperspektive zusammengetragen. Man kann folglich das Design als eine Kombination aus Fall- und Vergleichsstudie bezeichnen, die einen bestimmten Moment eines Prozesses einer kirchlichen Gemeinschaftsform abbildet, der aber selbstverständlich während und nach dem Monitoring ständig weiterläuft. Ein Vergleich dieser zwei Projekte erwies sich insofern als ertragreich, da sie einerseits in ihrer Erscheinungsform, in ihren Finanzstrukturen und in ihrer Leitungsform sehr unterschiedlich konzipiert sind, zum anderen aber bei genauerer inhaltlich-theologischer Bestimmung viele Übereinstimmungen aufweisen.

Die Feldarbeit wurde anhand von Methoden der qualitativen Sozialanalyse[46] durchgeführt und erfolgte pro Gruppe in zwei Gruppeninterviews zu je ca. 70–90 Minuten, in welche sowohl Hauptverantwortliche, Ehrenamtliche,

---

[43] Eine Einführung in die Methodologie bieten Aglaja Przyborski und Monika Wohlrab-Sahr, *Qualitative Sozialforschung. Ein Arbeitsbuch*, 4. Aufl., Lehr- und Handbücher der Soziologie (München: Oldenbourg Verlag, 2014).

[44] «Participatory Action Research» ist eine spezifische Form der empirischen Sozialforschung. Siehe hierzu Marlen Schulz, Birgit Mack und Ortwin Renn (Hg.), *Fokusgruppen in der empirischen Sozialwissenschaft. Von der Konzeption bis zur Auswertung* (Stuttgart: Springer VS, 2012), 9–22.

[45] Vgl. Sabrina Müller und Patrick Todjeras, «Theological Empowerment of Lay Leaders: A Citizen Science Project in Switzerland and Austria», *Ecclesial Practices* 8, Nr. 2 (2021), 185–198, https://doi.org/10.1163/22144471-bja10028. Unter Citizen Science versteht man wissenschaftliche Forschung (Bürger:innen-Forschung) durch teilweise oder ausschließlich Laien.

[46] Siehe hierzu Astrid Dinter, *Einführung in die Empirische Theologie. Gelebte Religion erforschen* (Göttingen: Vandenhoeck & Ruprecht, 2007); Uwe Flick, Ernst von Kardorff und Ines Steinke (Hg.), *Qualitative Forschung. Ein Handbuch*, 2. Aufl., Rororo Rowohlts Enzyklopädie 55628 (Hamburg: Rowohlt Taschenbuch Verlag, 2003).

Teilnehmende oder Partizipierende, Menschen unterschiedlicher Altersgruppen und Geschlechter involviert wurden. Die audiovisuell aufgenommenen Gruppeninterviews wurden transkribiert und in einem mehrstufigen computergestützten Analyseprozess codiert.[47] Durch eine Onlineumfrage wurden weitere Einschätzungen zu den Projekten bei den bereits durch die Gruppeninterviews befragten Interviewpartner:innen eingeholt. Die Onlineumfrage wurde mittels des Tools LIMESURVEY der Universität Zürich erstellt und ergänzend zu den Gruppeninterviews durchgeführt. Während die vor Ort durchgeführten Interviews als qualitative Analyse erfolgte, erfragte die Onlineumfrage großteils quantitativ erfassbare Einschätzungen. Auf Basis beider Methoden (Analyse der Interviews und Onlineumfrage) wurden Berichte zu den relevanten Aspekten verfasst, welche auf Grundlage der erhobenen Daten die Einschätzung der Vertreter:innen der Projekte und somit eine Innenperspektive abbilden. Für die Außenperspektive wurden pro Projekt vier Telefoninterviews zu je ca. 15–30 Minuten durchgeführt. Die Gruppe der Interviewpartner:innen zur Außenperspektive setzte sich aus Personen zusammen, die in beruflichen Kontexten zu den Projekten in Beziehung stehen. Zum Zwecke der Wahrung der Anonymität aller befragten Personen wurden die gesammelten Aussagen pseudonymisiert.[48] Nach einer kurzen Einführung in die jeweiligen Projekte folgt daher eine anonymisierte Wiedergabe der analytischen Erträge.[49]

Wir haben uns dazu entschieden, den zitierten Personen Namen zu geben, um die Identifikation mit den Einstellungen und Aussagen sowie die Leser:innenfreundlichkeit zu erhöhen.

---

[47] Im Anhang finden sich zur Illustration verschiedene Screenshots aus dem Analyseprozess mit dem Programm MAXQDA Analytics Pro 2018, darunter zwei Darstellungen des Codebaumes.
[48] Für nähere Ausführungen zur Codierung sowie zur Methodik der Onlineumfrage siehe Müller, «Vitale kirchliche Gemeinschaftsformen», 10.
[49] Vgl. für die Erforschung liquider kirchlicher Gemeinschaftsformen auch Sabrina Müller, «Ecclesiology in Ecclesial Movements Such as Fresh Expressions of Church», in: *Wiley Blackwell Companion to Qualitative Research and Theology*, hg. von Pete Ward und Knut Tveitereid (Hoboken, NJ: Wiley-Blackwell, 2023), 219–230.

7 Einblicke ins Stadtkloster

Das Stadtkloster ist de jure ein seit Mai 2015 bestehender Verein mit zum Zeitpunkt des Forschungsprojekts 27 «*Aktivmitgliedern*», 49 «*Passivmitgliedern*» und über 330 «*Sympathisierenden*», der von einem gewählten Vorstand koordiniert wird.[50] Wesentlich für die Gemeinschaft, die sich explizit in eine christliche Tradition stellt, ist eine Wohnung mit acht WG-Plätzen, in der gemeinschaftliches Leben möglich ist. Die Bewohner:innen organisieren zusammen mit den anderen Aktivmitgliedern diverse Gebetszeiten, wofür ihnen die Räume der Bullingerkirche Hard zur Verfügung stehen (seit 2022 ist das Stadtkloster in Zürich Wiedikon *zu Hause* und nutzt die Räumlichkeiten der Bullingerkirche nicht mehr). Mehrmals pro Woche finden dort öffentliche Tagzeitengebete mit eigener Leseordnung statt – zu kirchlichen Festzeiten sogar täglich – und münden anschließend oftmals in eine gemeinsame Mahlzeit. Jährlich partizipieren insgesamt ca. 900 Teilnehmende an ebendiesen Gebeten. Darüber hinaus gibt es Angebote, die im monatlichen oder jährlichen Turnus stattfinden, wie z. B. Einkehrtage, Abendmahlsfeiern, größere Stadtteilfeste und spirituelle Nächte.

Ein weiterer Schwerpunkt der Gemeinschaft liegt zudem auf der diakonischen Arbeit. So gibt es neben den Seelsorgeangeboten und geistlicher Begleitung in der Kommunitätswohnung Plätze für Geflüchtete und Menschen in Not sowie eine Winterstube für Obdachlose in den Monaten von November bis April, um nur einige der zahlreichen Angebote zu nennen. Kennzeichnend für die Gemeinschaft ist dabei, dass alle Arbeiten im Umfang von ca. 400 Stellenprozent auf ehrenamtlicher Basis von den Mitgliedern durchgeführt werden.[51] Alle Ausgaben werden durch die Einnahme von Spenden gedeckt. Während die ersten Gründungsmitglieder einen engen Bezug zur reformierten Kirche haben, fällt auf, dass die jüngeren Mitglieder hingegen oftmals weder an eine Kirche gebunden sind noch dezidiert christlich sozialisiert wurden.

---

[50] Die hier verwendeten Begriffe beziehen sich auf Sabrina Müller, «Vitale ekklesiale Vielfalt. Ekklesiologische Biotopbeschreibung der Stadt Zürich. Dokumentation: COFFEE&DEEDS, Green City Spirit, Hoch3, Ladenkirche, Sonnegg, Stadtkloster, Streetchurch, Zytlos» (Zürich: ZKE, 2019). Wichtig ist hierbei, nochmals anzumerken, dass sich die Beschreibungen auf den Stand 2020 beziehen.
[51] Diese Angabe beruht auf einer Selbstaussage von Befragten aus dem Stadtkloster. Siehe hierzu wieder Müller.

7.1 Ekklesiologische Kriterien

Im Folgenden sollen die ekklesiologischen Aspekte des Stadtklosters auf die in Kapitel 3.1 genannten Kriterien *koinonia, diakonia, martyria* und *leiturgia* hin untersucht werden.

7.1.1 Vergemeinschaftung (*koinonia*)

Barbara versteht den Gemeinschaftsaspekt im Stadtkloster als menschliches Grundbedürfnis, der sich laut Andrea sowohl in der Wohngemeinschaft als auch im regelmäßigen gemeinsamen Gebet verwirklicht. Im regelmäßigen Gebet entstehe gemäß Philip zwischenmenschliche Nähe durch die gleiche Spiritualität, an welcher sich nach Andrea auch Fernstehende der Wohngemeinschaft beteiligen können. Dadurch ergebe sich eine Verbundenheit, die von Philip als Kraft der Hoffnung in Krisenzeiten und von Elisabeth als Weggemeinschaft sowie jahrelange Spannung zwischen Verbindlichkeit und Unverbindlichkeit beschrieben wird. Darüber hinaus besteht laut Andrea eine Verbundenheit mit anderen klösterlichen Einrichtungen.

Paul sieht zudem eine gemeinschaftsstiftende Wirkung in den gemeinsamen Aufgaben wie der Winterstube oder der Organisation des Fahrradfests. Auch Stille, Meditation und Kontemplation werden von Elisabeth als Kommunikationsmittel verstanden, insofern ein gemeinsamer Weg damit gesucht und gegangen werde, ebenso gemeinsame Mahlzeiten. Daneben tragen analoge und digitale Netzwerke, in welchen einzelne Mitglieder stehen, zur Gemeinschaftsbildung durch Kontaktherstellung bei, was mitunter zu regem Interesse von außenstehenden Gruppierungen und Medienschaffenden führt. In der Onlineumfrage wird der Aspekt der Gemeinschaftsbildung als wichtig erachtet und Zufriedenheit damit bekundet.

7.1.2 Dienst am Menschen (*diakonia*)

Der Dienst am Menschen bzw. an den Nächsten wird von Elisabeth als Selbstverständlichkeit im Stadtkloster erachtet, was sich laut Paul zunächst im klösterlichen Leben und der darin geübten Gastfreundschaft realisiert. Diese grundlegende Aufgabe zeichnet sich Thomas zufolge durch Achtsamkeit und Selbstmitgefühl aus, wobei sowohl die Bewohner:innen und Vereinsmitglieder des Stadtklosters als auch die allgemeine Gesellschaft oder spezifische Gruppen als Rezipient:innen derselben gelten können. Das regelmäßige Gebet verhilft nach Andrea zu einer wohlwollenden Gesinnung und befähigt für Philip nicht nur zum Dienst am Menschen, sondern ist in Form der Fürbitte gar selbst ein solcher. Thomas nennt neben einer spezifischen Haltung des Dienstes am

Nächsten die Winterstube als konkrete Praxisform derselben, wo sich laut Elisabeth Freiwillige einbringen können. Obgleich bei Elisabeth die Vermutung besteht, dass manche Gäste wegen des Essens und nicht des Gebets wegen teilnehmen, wird der Dienst am Nächsten laut Onlineumfrage als eher wichtig bis sehr wichtig eingeschätzt.

7.1.3 Kommunikation des Evangeliums – intern und extern (*martyria*)

Als Kommunikationsformen des Evangeliums werden von Barbara, Paul, Elisabeth und im Zuge der Onlineumfrage konkret das Vorsingen und (Psalmen-) Gebet, die Laudes und Vesper, Gespräche oder bibelbezogene Praktiken wie Bibel-Teilen und Diskussion über Bibeltexte sowie Novizenkurse genannt. Elisabeth zählt zudem Austausch über theologische Texte via E-Mail und Verkündigungsarbeit durch Poetry-Slam, Paul außerdem Tanz und Spiritualität. Dabei befindet man sich laut Paul gemeinsam auf der Suche nach alternativen Verkündigungsformen zur Predigt von der Kanzel. Thomas, Andrea und Philip sehen jedoch das praktische Ausleben des Evangeliums vordergründig gegenüber dessen Verkündigung oder Diskussion. In der Onlineumfrage wird die Kommunikation des Evangeliums dementsprechend als teilweise oder sehr wichtig für das Stadtkloster bezeichnet.

7.1.4 Gottesdienst und religiöse Praxis (*leiturgia*)

Als wesentlichen liturgischen Bestandteil des Stadtklosters nennt Andrea die regelmäßigen Gebetszeiten, welche strukturierend auf den Alltag wirken. Weitere religiöse Praktiken im Stadtkloster stellen Mantras, Stille, Kontemplation, Meditation, Stundengebet, vorgegebene Liturgien und alte Formen, «ora et labora» sowie Kloster- und Einkehrtage dar. Die traditionellen Formen empfindet Paul als sprachgebend, doch bereits die Einübung einer religiösen Haltung wird von Elisabeth als religiöse Praxis verstanden, die nicht auf Darstellung abzielt. In der Onlineumfrage schwankt sowohl die Wahrnehmung der Priorität des gottesdienstlichen Lebens wie auch die Zufriedenheit mit der liturgischen Praxis. Abendmahl und Taufe sowie Seelsorge und religiöse Bildung werden ebenfalls als unterschiedlich wichtig betrachtet und weisen einen unterschiedlichen Zufriedenheitsgrad auf. Das Gebet hingegen wird als sehr wichtig bezeichnet und trifft weitgehend auf Zufriedenheit. Als weitere Formen religiöser Praxis werden in der Onlineumfrage Musik, Tanz, Coaching/Begleitung und Malen genannt.

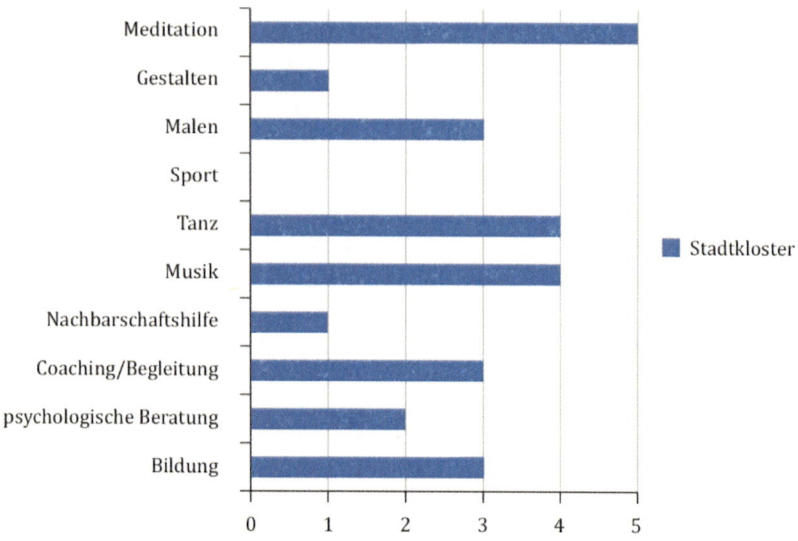

Abbildung 2: Praktiken mit religiösem Charakter (Stadtkloster)

7.1.5 Sendungsbewusstsein

Im Hinblick auf die oben genannten fünf Dimensionen kirchlichen Seins wurde das Stadtkloster zudem auf den Sendungsauftrag der Kirche in der Welt hin evaluiert. Laut Onlineumfrage erweist sich der Dienst an den Nächsten in Form der Begegnung menschlicher Not als wichtiger Aspekt des Stadtklosters und somit als Anhaltspunkt dessen Sendungsbewusstseins. Nebst der bereits erwähnten Winterstube realisiert sich dieser in Form des Notbetts der Wohngemeinschaft, im diakonischen Wohnen und in der gegenseitigen Unterstützung wie beispielsweise im Zusammenleben mit Flüchtlingen. Weitere Ausprägungen des Sendungsbewusstseins sind laut Philip durch den Aktivismus gegen ungerechte Gesellschafsstrukturen im Gebet, gemäß der Onlineumfrage durch Unterschriftensammlungen, Demogänge, Plakatierung und Organisation bzw. Teilnahme an Initiativen und Anlässen gegeben. Dazu zählt auch das Anliegen der Bewahrung der Schöpfung, was sich in der Pflege des hauseigenen Gartens, der vegetarischen Küche mit Bio-Artikeln, der Teilnahme an Food-Waste-Programmen, dem Verzicht auf PKWs zugunsten der Nutzung von Fahrrädern und einem bescheidenen Lebensstil realisiere. Die Verkündigung des Reiches Gottes geschieht Elisabeth zufolge jedoch bereits durch die Möglichkeit des Miterlebens des Alltags von Christen im Stadtkloster (SK).

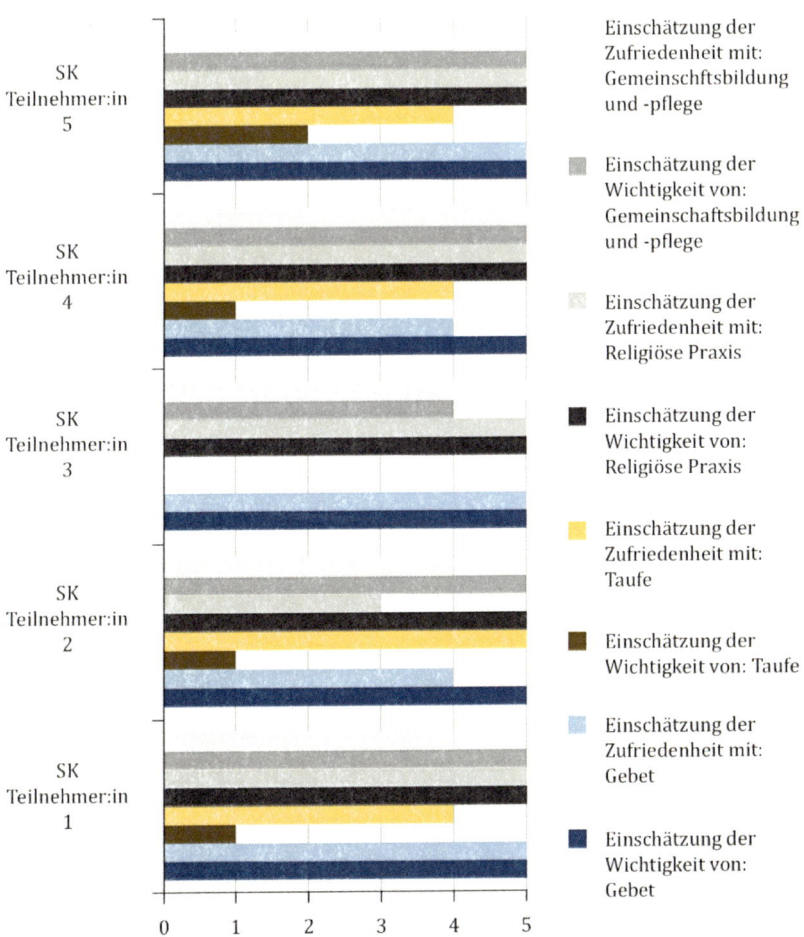

Abbildung 3: Ekklesiologische Aspekte (Stadtkloster)

7.2 Identität und Selbstverständnis

Ein weiteres Merkmal der Ekklesiologie stellt die Identität, das Selbstbild der Gemeinschaftsform aus der Innenperspektive dar. Barbara zufolge ist das Stadtkloster seinem Selbstverständnis nach christlich, während Andrea dessen Verwurzelung in der reformierten Kirche durch seine Mitgliedschaft sowie die Nutzung der Räumlichkeiten gegeben sieht. Laut Onlineumfrage sei man weder evangelikal noch katholisch oder lutherisch, sondern am ehesten reformiert, spirituell, ökumenisch. Paul betont die Offenheit des Stadtklosters für alle christlichen Traditionen sowie Formen mit experimentellem Charakter. Zudem versteht man sich laut Umfrage als Teil der monastischen Tradition, auch wenn die Frage der Selbstidentifikation als Kirche unterschiedlich beantwortet wird. Vordergründig für das Selbstbild sei die gemeinsame Spiritualität aller unterschiedlichen Glaubenshaltungen sowie das daraus erwachsende Handeln gemäß dem Grundsatz «ora et labora». Zentral sei dabei die Bereitschaft zum Lebenswandel durch die experimentelle Gemeinschaftsform, welche Mut, Offenheit und mehrdimensionale Entwicklung erfordere. Die flachen Hierarchien ermöglichen hierfür das Engagement aller Teilnehmenden sowie das spirituelle Wachstum an- und miteinander. Während die Vision des Stadtklosters unterschiedlich beschrieben wird, zeichne sich deren Umsetzung durch Offenheit, Verbindlichkeit, Solidarität und Besinnlichkeit aus. Innerhalb der nächsten fünf Jahre wolle man sich in tätiger Liebe üben, als Gemeinschaft und persönlich weiterentwickeln und die (Wohn-)Gemeinschaft vergrößern.

7.3 Kontextualität

Das Merkmal der Kontextualität beschreibt die Zielgruppen und Prägungen der Gemeinschaftsform. Angesprochen werden sollen laut Onlineumfrage vorwiegend Menschen auf der Suche nach lebendiger Spiritualität und Gemeinschaft zwischen 20 und 79 Jahren. Tatsächlich angesprochen würden vorwiegend Menschen unterschiedlichster sozialer Schichten, die sich als christlich identifizieren und an der Klostertradition interessiert sind. Laut Barbara ist das Stadtkloster insbesondere für Menschen ohne familiären Kontext attraktiv, bzw. spricht es laut Philip auch solche an, die trotz starkem sozialem Umfeld spezifisch christliche Gemeinschaft suchen. Daneben würden auch Kreise mit Interesse an alternativer / östlicher Spiritualität sowie Nicht-Christen vom Stadtkloster angezogen. Die vielschichtige Gemeinschaft des Stadtklosters bildet sich Andrea und Thomas zufolge durch die jeweiligen Netzwerke der einzelnen Mitglieder, auch wenn man sich laut Elisabeth als Teil der Kirchgemeinde Zürich versteht. Die gesellschaftliche Vielfalt sei auf das städtische Umfeld zurückzuführen, womit auch deren linke politische Tendenz zusammenhängen dürfte. Andrea sieht eine Ausrichtung des Klosters auf die Stadt hin, Paul auf das Quartier, man strahle laut Onlineumfrage aber auch darüber hinaus.

Geprägt werde das Stadtkloster nur mäßig und vorwiegend von ökologisch motivierten Milieus, Kommunalismus sowie anderen monastischen Kreisen. Man bezeichnet sich als «New Monasticism»[52] und «fresh expression of Church»[53] sowie als relativ unabhängig[54] bezüglich «althergebrachten» Entscheidungsprozessen. Als Kontrastmerkmal zur traditionellen Kirche werden Experimentierfreude, flache Hierarchien, Flexibilität und junge Dynamik sowie Verbindlichkeit und das Stundengebet genannt.

7.4 Organisation und Struktur

Zur Organisationsform des Stadtklosters gehören tägliche, mehrmals wöchentliche oder auch monatliche Treffen, je nach Zuteilung in Arbeitsgruppen[55]. Dafür treffe man sich im Kirchenraum, den Nebenräumen der Bullingerkirche oder auch in der Wohnung an der Bullingerstrasse 8, und es sei laut Barbara ein demokratisches System.

Die personale Struktur des Klosters besteht laut Onlineumfrage aus 30 Aktivmitgliedern und 50 Passivmitgliedern. Davon leben acht Mitglieder aktuell zusammen in der Wohngemeinschaft, 20 nehmen regelmäßig an Veranstaltungen teil, 60 gelegentlich und 250 Personen sind an dem Projekt interessiert. Daneben wird die Anzahl der Freiwilligen auf 30–50 Personen geschätzt, wobei freiwilliges Engagement stets willkommen ist. Dies wird in der Gastfreundschaft und den gemeinsamen Mahlzeiten nach den Gebetszeiten ersichtlich. Zu den Gästen zählen Bedürftige, Freunde und Bekannte, wobei auf Niederschwelligkeit für die Teilnahme gesetzt wird. Zumeist weisen Neuankömmlinge jedoch bereits eine Vertrautheit mit kirchlichen Formen auf, selbst wenn die Zielgruppe des Stadtklosters sehr weit gefasst und ökumenisch offen ist.

---

[52] Unter «New Monasticism» versteht man verschiedene Bewegungen, die in unterschiedlicher Form ein kontemplatives Leben in der Gemeinschaft führen wollen. Vgl. dazu auch Müller, «Church Development from a Missional Perspective», 133–134.

[53] Unter «Fresh Expression» versteht man eine neuere kirchliche Bewegung, die ihren Ursprung in England hat. Mehr dazu siehe Müller, *Fresh Expressions*; und «freshexpression schweiz | kirche | erfrischend | anders», Aufgerufen am 5. Mai 2020, https://www.freshexpressions.ch.

[54] Thomas Schlag, «Praktische Theologie als öffentliche Freiheitslehre. Thesen zu ihrer Verortung und ihren Perspektiven», *Pastoraltheologische Informationen* 35, Nr. 2 (2015), 89–96.

[55] Arbeitsgruppen bestehen aus mehreren Mitgliedern und nehmen sich für eine bestimmte Zeit einer spezifischen Aufgabe an, beispielsweise der Organisation des Fahrradfests.

7.5 Zugehörigkeit zur Landeskirche

Wie bereits erwähnt, sehen sich die Mitglieder des Stadtklosters in der reformierten Kirche verwurzelt, was nicht zuletzt auf die Räumlichkeiten in der reformierten Kirchgemeinde Zürich sowie auf das reformierte Pfarrpersonal zurückzuführen ist. Daneben finden laut Andrea aber auch andere Strömungen Raum, welche Elisabeth zufolge mitunter auf spirituelle Erfahrungen der Mitglieder in katholischen, orthodoxen und evangelikalen Bereichen zurückgehen. Laut Onlineumfrage fühlt man sich der örtlichen kirchlichen Gemeinde verbunden, wobei dies auf institutioneller Ebene stärker der Fall ist als auf persönlicher Ebene. Verbundenheit mit anderen Kirchen realisiere sich in gegenseitigen Einladungen, auch auf internationaler Ebene. Manche Stimmen erwähnen Irritationen bei Kontakten mit Angestellten der Bullingerkirche, da es wegen neuer Ideen mitunter zu Interessenskonflikten komme. Das größte Hindernis in der Zusammenarbeit stelle allerdings der Zeitmangel dar, gerne würde man stärkere Kontakte bei konkreten Aktionen und gemeinsamen Veranstaltungen knüpfen.

7.6 Innovation

Als innovatives Element des Stadtklosters im Vergleich zu herkömmlichen Kirchenformen sieht Barbara die Yoga-Praxis in Verbindung mit der Kirche, Thomas hingegen das gemeinsame Unterwegssein. Laut Onlineumfrage rührt diese gegenseitige Wegbegleitung daher, dass keine zentrale Pfarrperson vorhanden ist und stattdessen ein hoher Grad an Freiwilligkeit, Durchlässigkeit[56] und Bereitschaft ohne Partizipationszwang vorherrsche. Dazu trage auch die flache hierarchische Struktur bei sowie die Experimentierfreude ohne Abhängigkeit von aktuellen Trends. Zudem sei das Projekt einmalig im Raum Zürich und eine Antwort auf den Zeitgeist der Einsamkeit. Man vertraue auf wachsende Kreativität, welche die Gemeinschaft nährt, ermutigt und herausfordert.

7.7 Vitalität

Die Vitalität der Gemeinschaft hänge von der Begeisterung der Mitglieder und somit von Einzelpersonen und ihrer Teilnahme ab. Andrea geht davon aus, dass die Spiritualität und der Glauben tragende Elemente sind, die für den Bestand der Gemeinschaft verantwortlich sind. Für Thomas beruht sie auch auf den zwischenmenschlichen Beziehungen unter den Mitgliedern. Laut Philip werde die Lebendigkeit am Gemeinschaftserlebnis, im gegenseitigen Ver-

---

[56] Durchlässigkeit z. B. in Bezug auf Rollen.

Pano Verlag – Ein Imprint von TVZ
www.pano.ch

Eine Yogalehrerin, eine queere Pfarrerin, ein Atheist, eine Astrologin, eine buddhistische Nonne, eine Astrophysikerin, ein junger Katholik, der im Kloster lebt, und viele mehr – sie alle hat die Journalistin Michelle de Oliveira nach ihrem Glauben, ihren Zweifeln, nach ihrer Spiritualität und ihrem Weg hin zu oder weg von Gott befragt. Denn nicht nur in der Schweiz, auch weltweit boomen moderne wie traditionelle Formen von Spiritualität. Warum?
De Oliveira hat Fragen und ist auf der Suche nach Antworten: Glaube ich eigentlich? Und falls ja, woran? Oder fehlt mir der Glaube? Und was ist Glaube überhaupt?

Vierzehn persönliche Gespräche über das Leben und den Glauben, über Altbackenes und Neuentdecktes. Vierzehn Texte darüber, wie moderne Spiritualität ist, sein könnte und was mit einem passiert, wenn man sich fragt: Glaube ich?

Ihre Bestellungen und Ideen sind jederzeit willkommen.

— Expl. von Michelle de Oliveira, Ich glaube, mir fehlt der Glaube
ISBN 978-3-290-22071-6, CHF 29.80 – EUR 29.80

☐ Post aus dem Verlag zu weiteren Neuerscheinungen
(3 × im Jahr)

☐ Newsletter, direkt aufs Handy oder in die Mailbox
(monatlich)

💡 Ideen an info@tvz-verlag.ch

Name

Strasse

PLZ/Ort

E-Mail-Adresse

TVZ Theologischer Verlag Zürich
Badenerstrasse 73
8004 Zürich
Schweiz

trauen und in der Offenheit persönlich erfahrbar. Ein weiteres Indiz seiner Vitalität sei das Engagement und die Diskussionsbereitschaft, so Barbara, ebenso das bereits dreijährige Wachstum der Gemeinschaft.

7.7.1 Veränderungs- und Lernbereitschaft

Erneuerungen erfolgen laut Andrea gewöhnlich durch personellen Wechsel in der Wohngemeinschaft, und äußern sich durch neue Ideen und Formen. Für Paul erweist sich die Veränderungs- und Lernbereitschaft im Zulassen des noch Unverständlichen. Im Rahmen des theologisch Verantwortbaren herrsche Offenheit für ein gemeinsames Entdecken der Wege Gottes. Elisabeth sieht im Teilen des Schwierigen, Paul in der Reaktion auf Ungeplantes einen Ausdruck von Vitalität des Stadtklosters. In der Onlineumfrage wird die Hörbereitschaft diverser Ideen, Nöte und Kritik bestätigt, die Lernbereitschaft jedoch leicht höher als die Veränderungsbereitschaft eingeschätzt. Bis zur Umsetzung neuer Formen bedürfe es vielfältiger Diskussionen und oftmals definierter Grenzen, ohne dabei zu übertreiben. Nach einem Erprobungszeitraum werden diese weiterverfolgt und Unpassendes abgelegt, unverzichtbar blieben aber die Stundengebete.

7.7.2 Verantwortung

Die Absicht und Entwicklung des Stadtklosters werden in Bezug auf vier Aspekte der Verantwortung deutlich:

1. Selbstfinanzierung: Die Eigenfinanzierung des Stadtklosters wird laut Onlineumfrage als sehr wichtig eingestuft, die Zufriedenheit damit ist tendenziell hoch.
2. Eigenverantwortliche Leitung: Das Leitungsprinzip des Stadtklosters zeichnet sich Elisabeth zufolge durch Partizipation aus, was Raum für Vitalität und Ideen böte. Die eigenverantwortliche Leitung wird laut Onlineumfrage tendenziell als wichtig erachtet und Zufriedenheit damit geäußert.
3. Charakter der Multiplikation und Reproduktion: Das Wachstum der Gemeinschaft wird in der Onlineumfrage als teilweise wichtig angesehen und variiert in der Zufriedenheit.
4. Theologische Produktivität und Sprachfähigkeit: Die theologische Sprachfähigkeit der Mitglieder des Stadtklosters sowie die geteilte theologische Verantwortung werden mehrheitlich als wichtig eingestuft und insgesamt mit Zufriedenheit wahrgenommen. Konkret sichtbar werden diese laut Barbara in der zunehmenden Ausdrucksfähigkeit beim

Bibel-Teilen und in der wachsenden Sensibilisierung für unterschiedliche religiöse Sprachlichkeit, so beispielsweise durch die mitunter hitzige theologische Auseinandersetzung bei der Neuübersetzung von Psalmen. Laut Paul führt die Veränderung der theologischen Sprachfähigkeit gelegentlich zu einem vorübergehenden Verstummen, was Elisabeth zufolge eine Schärfung der theologischen Sprache ermögliche. Theologische Arbeit erfolge Philip, Andrea, Elisabeth und Paul zufolge außerdem im Glaubenskurs, beim Jahresgespräch, im Konvent und Novizenkurs, bei der Ausformulierung der Charta und des Bekenntnistextes. Auch in Alltagsgesprächen beim gemeinsamen Frühstück oder in informellen Kommunikationswegen würden theologische Inhalte besprochen. Zugrunde liegt hierbei auch ein generelles intellektuelles Interesse an religiösen Fragen, man lerne im Austausch und in der Fürbitte voneinander und ließe sich bewusst von verschiedenen Traditionen inspirieren. Manche Mitglieder des Stadtklosters sind zudem Theolog:innen, die sich laut Thomas auch als Teil einer Arbeitsgruppe speziell der geistlichen Entwicklung des Stadtklosters annehmen.

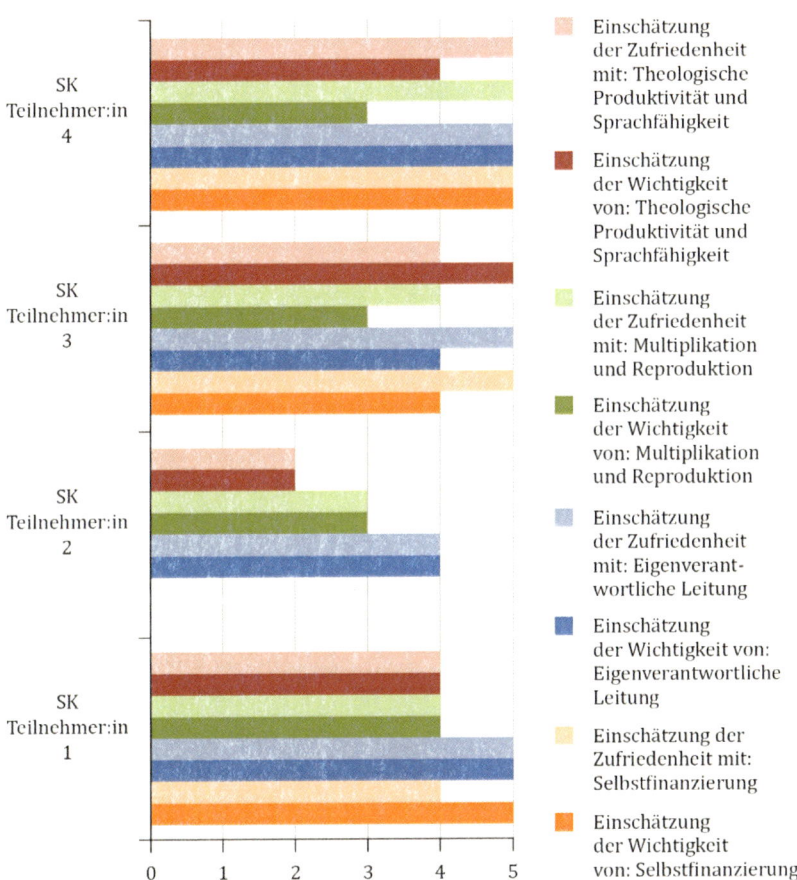

Abbildung 4: Dimensionen der Verantwortung (Stadtkloster)

Diese Grafik zeigt, gestützt auf die Onlineumfrage, wie hoch die Interviewpartner:innen die vier Dimensionen der Verantwortung einschätzen. Dabei gibt es jeweils Einschätzungen zur Wichtigkeit und zur Zufriedenheit in Bezug auf die Scores. Insgesamt haben vier Teilnehmer:innen diese Fragen beantwortet, wobei Stadtkloster-Teilnehmer:in 2 keine Angaben zu den Scores Wichtigkeit und Zufriedenheit in Bezug auf die Selbstfinanzierung machte. (N=4)

7.7.3 Nachfolge

Unter Nachfolge wird laut Barbara die Nachfolge Jesu verstanden. Dazu sei eine bewusste, individuell unterschiedliche Entscheidung nötig. Elisabeth zufolge geht man grundsätzlich von einem Streben aller Mitglieder nach größerer Gottesähnlichkeit aus, was den Umgang mit Konfliktlösung und Spannungen ebenso umfasse wie laut Andrea die klösterliche Spiritualität, gemäss Paul diakonisches Handeln und das Einüben der Selbstverständlichkeit christlichen Lebens. Laut Onlineumfrage wirkt sich die Gemeinschaft durch die Anregung zu ernsthaftem Leben, zum Gebet und zur Glaubwürdigkeit verändernd auf ihre Mitglieder aus. Aktives Einbringen und Diskussionsbereitschaft würden in der Wohngemeinschaft erlernt, zudem werde die Liturgie durch das Stadtkloster zu einem Bestandteil des Alltags.

7.7.4 Nachhaltigkeit: Kontinuität und Verlässlichkeit

Thomas beschreibt den Umgang mit Kontinuität im Stadtkloster als stete Überprüfung des Bestehenden und bedarfsorientierter Anpassung. Für die Zukunftsplanung wünscht man sich ihm zufolge mehr Wohnraum sowie Räume für die anderen Aktivitäten, wofür man laut Elisabeth bereits mit Verantwortlichen der Genossenschaften und der Stadt im Gespräch sei – hilfreich wären ihr zufolge bereits einige Stellenprozente. Abhängig sei jegliche Umsetzung jedoch auch von der Flexibilität und dem Engagement der eigenen Mitglieder. Generell lege die Gemeinschaft größeren Wert auf die lebendige, spirituelle Gegenwart als auf die Zukunftsplanung, so Philip.

7.7.5 Identifizierung und Befähigung von Freiwilligen

Alle am Stadtkloster Partizipierenden sind laut Philip Freiwillige, und somit kann eine solche Unterscheidung Andrea zufolge nicht getroffen werden, am ehestens kann nach dem Grad der Beteiligung unterschieden werden. Die Selbstbezeichnung als Freiwillige:r kann laut Thomas tendenziell von der Selbstidentifikation als Partizipierende:r getrennt werden, wobei erstere eine losere, letztere eine stärkere Anbindung beschreibt. Während die Befähigung und Freiwilligkeit aller Beteiligten in der Onlineumfrage als sehr wichtig eingestuft wird, werde man laut Andrea rasch mit Aufgaben betraut. Neu dazugestoßene Freiwillige werden als Geschenk betrachtet und über Projekte, Veranstaltungen, Freunde oder Bekannte angesprochen.

7.7.6 Konflikterfahrungen

Die Gemeinschaft im Stadtkloster sieht sich laut Onlineumfrage als relativ erfahren mit Konfliktsituationen, vorwiegend im zwischenmenschlichen und inhaltlichen, teils im logistischen Bereich der Raumnutzung. Zur Konfliktlösung wurden klärende Gespräche, Konfliktanalyse und neue Rollenverteilungen, Gebet und Neudefinitionen von Aufgabenfeldern herangezogen, mitunter auch professionelle Mediation. Aktuell sei die Stellung in der Kirchgemeinde ein Konfliktpunkt.

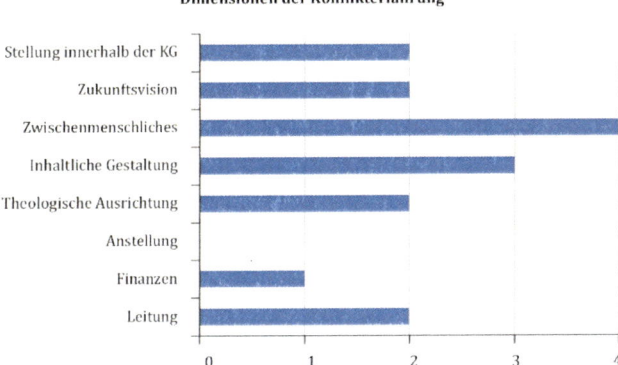

Abbildung 5: Konflikterfahrungen (Stadtkloster)

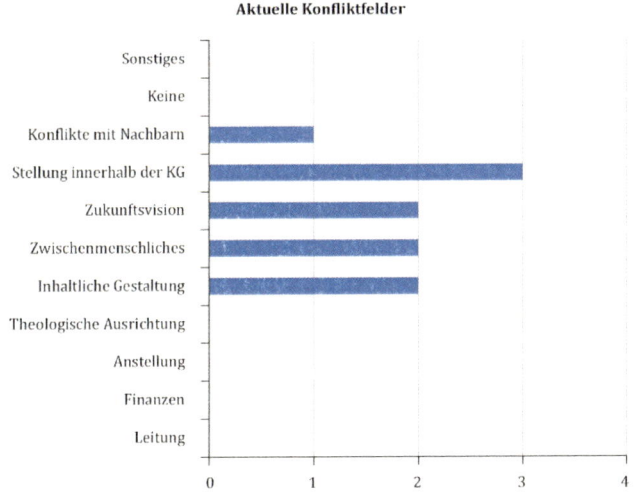

Abbildung 6: Aktuelle Konfliktfelder (Stadtkloster)

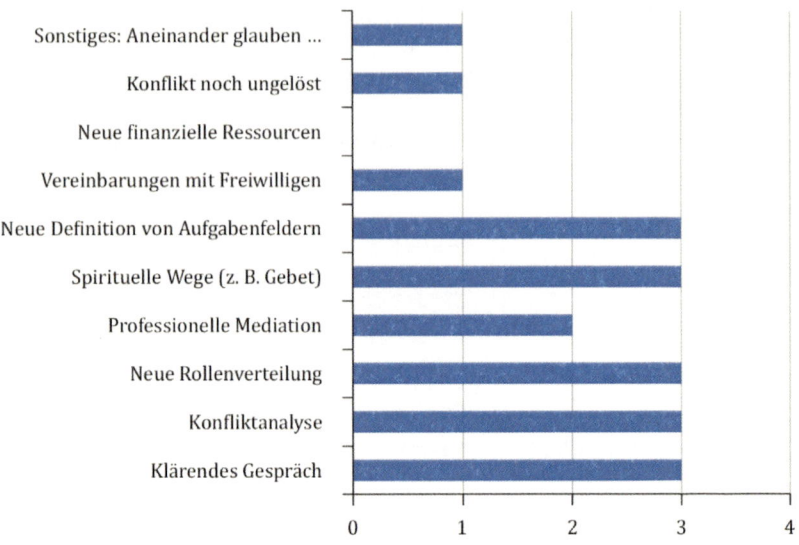

Abbildung 7: Konfliktbewältigung (Stadtkloster)

7.7.7 Außenorientierung

Auf die Gesellschaft außerhalb des Stadtklosters richtet sich die Außenorientierung durch Gebete für die Stadt und die Welt, Engagements in diversen Gruppen und Mitgliedschaft in Gemeinwesensarbeit. Neben der Mitwirkung und Gestaltung von Festen im Quartier, dem Kinderchor und der Winterstube, Yoga, gregorianischer und Mantra-Chor bietet das Stadtkloster zudem Seelsorge wie auch das Stundengebet an. Generell wird der Außenorientierung in der Onlineumfrage eine wichtige Rolle zugerechnet.

7.7.8 Bremsfaktoren für Vitalität

Als hinderlich werden langsame und nicht nachvollziehbare Entscheidungsprozesse wie der Hausvertrag erlebt, was viel Unsicherheit auslöse. Zudem wird von einigen Mitgliedern Entlastung vom internen administrativen Aufwand gewünscht, denn ein Großteil der Kraft fließe in die Bürokratie. Laut Elisabeth wäre es daher hilfreich, wenn für die Administration eine bezahlte Stelle geschaffen würde. Ihr zufolge wird die Struktur der Kirchgemeinde, die vertraglichen Schwierigkeiten bzw. ungeklärten Zuständigkeiten sowie deren

Präsentation des Stadtklosters als eigenes Projekt nicht als hilfreich empfunden. Paul sieht im ständigen Wechsel der Zuständigkeiten und der mangelnden Kommunikation ihrer Verantwortlichen einen zusätzlich erschwerenden Umstand für Reformprozesse.

Abbildung 8: Bremsfaktoren (Stadtkloster)

7.8 Haltungen und Motivation

Im Folgenden sollen die anthropologischen Grundvoraussetzungen besprochen werden. Thomas sieht das Stadtkloster als Gemeinschaft, die dem Anschluss von Interessierten offen gegenübersteht. Den Einzelnen soll laut Barbara Freiheit, laut Andrea Wohlwollen und laut Thomas Achtsamkeit entgegengebracht werden. Ihm zufolge werden unterschiedliche Lebensentwürfe akzeptiert und Vielfalt gelebt, wobei Philip es dennoch für wichtig hält, keine beliebige Ausrichtung einzunehmen. Nichtsdestotrotz wird Paul zufolge neuen Ideen unterstützend begegnet, was ein recht hohes Maß an Risikobereitschaft darstellen mag, aber erfahrungsgemäß eine Haltung der Nachfolge ausdrückt, die Neues wachsen lässt. Letzteres wird laut Elisabeth als Gnade verstanden, man erwarte das Wirken Gottes im Bewusstsein der eigenen Unwissenheit und in unvermuteten Bereichen. Als intrinsische Motivatoren für die Partizipation am Stadtkloster werden von Andrea die Gebetszeiten, von Thomas, Barbara und Philip die spirituelle Gemeinschaft, von Paul die offene Grundhaltung und von Elisabeth die Umsetzung eigener Ideen genannt.

7.9 Zusammenfassung

Das Stadtkloster ist sowohl durch die Wohngemeinschaft als auch durch die gemeinsamen festen Gebetszeiten durch ein hohes Maß an Vergemeinschaftung geprägt. Es versteht sich als Ort insbesondere für Menschen, die selbst nicht in familienartigen Strukturen leben und hierdurch ein Leben in Gemeinschaft zu führen vermögen. Ohne jegliche Hauptamtliche lebt das Kloster von einer flachen Hierarchie und einer hohen Partizipationsbereitschaft der einzelnen Personen, wobei Offenheit, Gastfreundschaft und Raum für Vielfalt fundamental für dessen Selbstverständnis sind. Diese besondere Haltung anderen Menschen gegenüber konkretisiert sich zudem in diversen diakonischen Projekten. Auch die Kommunikation des Evangeliums wird hier weniger als Verkündigung verstanden, sondern vielmehr als gemeinschaftliches, praktisches Tun, indem man das Evangelium miteinander lebt oder sucht.

Die für das Kloster konstitutive Diversität spiegelt sich weiterhin in den religiösen Orientierungen wider. Zwar versteht man sich eindeutig als christlich verwurzelt und sieht sich ferner in besonderer Nähe zur reformierten Kirche, gleichzeitig wird immer wieder betont, dass man durch die Netzwerke der einzelnen Mitglieder auch in Kontakt mit anderen spirituellen Strömungen stehe. Unterschiedlichste Glaubenshaltungen seien willkommen, und es sei wichtig, dass alle Gläubigen sich mit ihren eigenen Vorstellungen gestaltend einbringen können. Dies zeigt sich auch in monetärer Hinsicht, da das Stadtkloster sich selbstständig finanziert und so unabhängig von einer der verfassten Kirchen agieren kann. Während diese Freiheit von traditionellen Kirchenstrukturen eine enorme Chance mit Experimentierräumen biete, sei die Stellung zur Kirchgemeinde zugleich unklar und stelle somit einen Konfliktpunkt dar.

Auffallend ist ferner die zentrale Stellung des gemeinsamen Gebets, das sich bei aller Innovationsbereitschaft als feststehender und somit konstitutiver Bestandteil erweist. Die Gebetszeiten werden neben weiteren Formen wie Kontemplation, Meditation, und Mantra-Singen als hauptsächliche religiöse Praxis angeführt. Ferner wird in der Fürbitte ein entscheidender Aspekt für den Dienst an den Nächsten gesehen und beschrieben, wie durch das Gebet die gastfreundliche, zugewandte Haltung den Mitmenschen gegenüber eingeübt wird.

Das Stadtkloster ist also durch ein besonderes Verhältnis von Gemeinschaft und Verbindlichkeit sowie großer Offenheit für die Vorstellungen, Lebensentwürfe und die individuelle Spiritualität der Einzelnen gekennzeichnet. Es zielt im Sinne des Allgemeinen Priestertums implizit und explizit sowie in fast allen Bereichen auf das Empowerment Einzelner.

7.10 Außenwahrnehmung – ein Stimmungsbild

Um die Innenperspektive durch einen größeren Kontext zu ergänzen, wurden vier Telefoninterviews mit Außenstehenden geführt, die allesamt in professioneller und teilweise auch privater Beziehung zum Stadtkloster standen. Generell wird Letzteres sehr positiv beschrieben, sowohl in Bezug auf seine spezifische theologische Ausrichtung mit Fokus auf Spiritualität und Verbindlichkeit wie auch im Hinblick auf seine Experimentierfreude und Gastfreundlichkeit. Erwähnt wurden außerdem die Pflege bewährter geistlicher Weg, die Ausrichtung für Junge, der ganzheitliche Ansatz sowie der Ort der Stille inmitten der lauten Stadt.

Das Verhältnis der befragten Personen in ihrer professionellen Funktion zum Stadtkloster variiert hingegen stark und wird teilweise als freundschaftlich, teilweise als rein formal beschrieben. Manche Stimmen bezeichnen sich als Bindeglied der Kirchgemeinde zum Stadtkloster und berichten von Ergänzungsabsprachen, andere sehen das Verhältnis als schwierig, ungeregelt und belastet von Ansprüchen seitens des Klosters. Dazu zählt die diakonische Arbeit, wo eine Verbesserung der Kommunikation mit der Kirchgemeinde gewünscht wird, um etwaige Konkurrenzverhältnisse der Angebote auszuschließen. Reibungsflächen ergeben sich auch in der Frage von Zuständigkeiten, der Spannung zwischen der Eigendynamik des Projekts und dem traditionellen Gemeindeleben. Gelingende Zusammenarbeit gebe es allerdings im Besucherdienst und in der gemeinsamen Vorbereitung des Fahrradfestes vonseiten der Bullingerkirche und des Stadtklosters. Während manche Stimmen die Partizipierenden des Stadtklosters als Gemeindemitglieder betrachten, sehen andere keine Zusammenarbeit abseits des Mietvertrags.

Das Angebot einer Nische für kirchenferne Menschen wird allerdings als Chance und Anknüpfungspunkt der Bullingerkirche betrachtet, ebenso die große Freiwilligenarbeit und die Ausstrahlung des Stadtklosters über den Kirchenort hinaus. Als Risiko hingegen werden der Mangel an Interesse an dessen spezifischer Spiritualitätsform und eine nachhaltige Finanzierung genannt, da das Kloster keine monetäre Unterstützung von der Kirchgemeinde, dem Kirchenkreis oder der Landeskirche erhält. Somit wird auch die Überlebensfähigkeit des Stadtklosters infrage gestellt und als mögliche Schwäche neben dem Konfliktfeld der Diakonie bezeichnet. Als Stärke werden hingegen die Verbindlichkeit, die Eigengeprägtheit sowie die Vision des Stadtklosters genannt.

8 Einkehr ins Zytlos

Bei der kirchlichen Gemeinschaftsform Zytlos[57] handelt es sich um einen am 28. Juni 2019 eröffneten Cafébetrieb mit Co-Workingspace, der zum Zeitpunkt der Forschungsanalyse ca. 50 Gäste pro Tag bewirtete und sich in einer 15-monatigen Pilotphase befand.[58] Sein Anspruch ist ein niederschwelliges Angebot für die gesamte Bevölkerung mit ausgeprägter Willkommenskultur für eine offene, lebensnahe Spiritualität in Ergänzung zu klassischen Kirchenformen. Als diakonisches Engagement wirkt das Prinzip der Bezahlung nach eigenem Ermessen sowie das Angebot von Seelsorge während der Öffnungszeiten Dienstag bis Freitag, 9.00 bis 17.00 Uhr, wofür drei der vier Hauptamtlichen als Diakon:innen zur Verfügung stehen. Liturgische Elemente sind bei Zytlos noch nicht stark ausgeprägt, regelmäßige monatliche Aktionen wie Community-Abende mit gemeinsamen Essen, Input[59] und Diskussion bieten jedoch theologische Inhalte.

Das Café nutzt die Räume des Kirchgemeindehauses in der Bederstraße in Zürich Enge und ist somit an den Kirchenkreis Zwei angebunden, zugleich aber Bestandteil der gesamten Kirchgemeinde Zürich, von welcher die Pilotphase mit 225 000 CHF finanziert wurde. Auch die 20 Stellenprozente der Pfarrperson wurden von der Kantonalkirche Zürich übernommen, von der Kirchenpflege der Kirchgemeinde Zürich auf 50 Stellenprozent erhöht und um vier Jahre verlängert. Weitere Einnahmen ergeben sich durch den Café-Betrieb und private Spenden. Neben den 150 Stellenprozenten der Hauptamtlichen kommt das Engagement von ca. 40 Freiwilligen unterschiedlichen Alters und Frömmigkeitsstils mit mindestens 137 Stellenprozenten hinzu.[60]

---

[57] Siehe www.zyt-los.com.

[58] Zytlos ist der globalen Bewegung der Café-Kirchen zuzuordnen, welche eine kirchliche Gemeinschaftsform mit Beheimatung in einem Café und Führung eines Café-Betriebs umfasst. Diese Gemeinschaftsformen stehen in Verbindung mit den alternativen Gottesdienstbewegungen und dem Emerging-Church-Movement und versuchen, neue Formen und Ansätze zu finden, um als Kirche nahe bei den Menschen zu sein. Café-Kirchen konzentrieren sich oft auf die Beziehungsaspekte als Grundlage christlicher Gemeinschaft und auf die Kontaktaufnahme in ihrem Viertel, indem sie die Kommunikation des Evangeliums auf die Bedürfnisse eines Gebietes oder eines Netzwerkes zuschneiden.

[59] Damit ist ein thematischer Impuls gemeint, der inhaltlich unterschiedlich gelagert sein und auch biblische Themen oder Texte zur Grundlage haben kann.

[60] Die Zahlenangaben stützen sich auf die Ergebnisse von Teilbericht 1 des Forschungsprojekts, siehe Müller, «Vitale ekklesiale Vielfalt».

8.1 Ekklesiologie

Im Folgenden sollen auch die ekklesiologischen Aspekte des Projekts Zytlos auf die obig genannten Kriterien *koinonia* (8.1.1), *diakonia* (8.1.2), *martyria* (8.1.3) und *leiturgia* (8.1.4) hin untersucht werden.

8.1.1 Vergemeinschaftung (*koinonia*)

Bei Zytlos gibt es laut Interviewpartner Georg verschiedene Arten von Gemeinschaft, die auf die Diversität der Leute zurückzuführen sei. Jonas betont die Urteilsfreiheit gegenüber anderen Denkweisen, da das Café ein Ort der Inspiration sein solle. Benjamin beschreibt die Menschen als spirituell Suchende, die das Interesse am Austausch über Glaubensthemen auf verschiedenen Schwellenstufen verbindet. Dahinter stehe laut Andreas das zeitgemäße Bedürfnis, auf einem gemeinsamen Weg zu sein. Eine Gemeinschaftsform bei Zytlos stellt das spezifische Format der Community dar, welches Benjamin zufolge durch seine Andersartigkeit attraktiv auf die Menschen wirke, beziehungsfördernd und gesprächsöffnend sei. Nadja hebt den humorvollen Aspekt der Gemeinschaft hervor, was Andreas zufolge den Wohlfühlfaktor und somit den Bestand der Gemeinschaft begründe. Jonas rechnet auch der gemeinschaftlichen Tatkraft eine hierfür zentrale Rolle sowie eine Anziehungskraft für Neulinge zu. Dazu kommt das Moment der Zufälligkeit von entstehenden Beziehungen durch das Verweilen, was so laut Georg bei anderen Cafés nicht gegeben sei. Das große freiwillige Engagement, welches sich aus dem schönen Ambiente und dem erlebten Tiefgang ergebe, werde Benjamin zufolge an einer einsehbaren Wand in Teams organisiert, was wiederum motivierend auf die Menschen wirke.

Ein Alleinstellungsmerkmal von Zytlos im Vergleich zur herkömmlichen Kirche sei Georg zufolge außerdem das Fehlen der Bildung abgeschlossener Gruppen, so wird beispielsweise dem Wortschatz unterschiedlicher Frömmigkeitsstile gleichzeitig Raum geschaffen. Die gemeinsame, offene Suche ist laut Jonas das gemeinschaftsstiftende, für Franziska die Verwurzelung in Gott das verbindende Element. Man sehe sich laut Benjamin als abenteuerliche Weggemeinschaft, die gemeinsam Gefahren durchsteht, Erfahrungen austauscht und sich laut Jonas aufeinander verlässt. Nadja streicht den vernetzten Austausch hervor, welcher in der fluktuierenden Sitzordnung deutlich werde. Laut Onlineumfrage stellt die Gemeinschaftsbildung einen wesentlichen Aspekt von Zytlos dar und erfreut sich großer Zufriedenheit.

8.1.2 Dienst am Menschen (*diakonia*)

Gesehen und gehört werden, steht laut Franziska für den Dienst an den Nächsten. Nadja versteht darunter wertschätzende Wahrnehmung, unaufdringliches Interesse und den respektvollen Umgang mit Glaubensfragen, Lebenskrisen und biografischen Situationen. Der Dienst an den Nächsten soll Benjamin zufolge wiederum motivierend auf diese wirken. Die Atmosphäre im Raum des Zytlos wird laut Andreas als solcher wahrgenommen, und auch in der Onlineumfrage wird die Begegnung menschlicher Not mit liebevollem Dienst als sehr wichtig beschrieben.

8.1.3 Kommunikation des Evangeliums – intern und extern (*martyria*)

Das Zytlos lebe sehr stark vom Austausch, welcher laut Benjamin ein Geben und Nehmen sei. Die Kommunikation des Evangeliums passiere hierbei losgelöst vom Medium der Predigt und zeige sich im sichtbaren Ausleben des Evangeliums, in der Wegbegleitung und bei entsprechendem Interesse und Empfänglichkeit für Glaubensfragen in der Auseinandersetzung. Jonas betont diesbezüglich die Reziprozität des Zuhörens, so bestehe laut Benjamin schließlich auch ein spirituelles Mitteilungsbedürfnis. Die Kommunikation über eigene Erfahrungen sei zutiefst spirituell und verhelfe Andreas zufolge zur religiösen Sprachfähigkeit. Man fördere einen Weg der Nachfolge, indem man vom Leben Jesu her denke. Nadja sieht im Evangelium zudem die Quelle für Perspektiven und Antworten auf Sinnfragen, die Heilung, Trost und Hoffnung spenden. Befreiend wirke oft auch, wenn Mitarbeiter:innen sich selbst als Fragende erkennbar machen und somit einen Weg zur religiösen Mündigkeit offenlegen. Laut Onlineumfrage stehe die Kommunikation des Evangeliums bei Zytlos nicht im Vordergrund, bilde aber die Basis allen Handelns. Das Evangelium werde vorgelebt, es wird darüber gesprochen und im Rahmen thematischer Impulse, in Büchern, Meditationen und Gottesdiensten thematisiert.

8.1.4 Gottesdienst und religiöse Praxis (*leiturgia*)

Als religiöse Praktiken werden von Franziska die Seelsorge, von Benjamin Meditationsangebote sowie von Georg die Haltung gegenüber anderen Menschen genannt, wobei Jonas letztere nicht als solche kategorisieren würde. Angeleitet würden diese nicht von einer Pfarrperson, sondern abwechselnd von unterschiedlichen Personen. Laut Jonas sei dabei der Denkanstoß zentral, die Liturgie spontaner und bedarfsangepasst. Deutlicher träten liturgische Elemente wie Gebet und Gesang Andreas zufolge bei der Meditation hervor. Auch bei Sitzungen verortet Nadja einen liturgischen Einstieg, generell aber fände

Liturgie nur als Antwort auf aktuelle Bedürfnisse statt, nicht als zu erfüllende Voraussetzung. Andreas beschreibt die Fähigkeit der Menschen, ihre diesbezüglichen Bedürfnisse zu kommunizieren, als sehr gut. Laut Onlineumfrage schwankt die Relevanz religiöser Praxis im Zytlos stark, die Zufriedenheit damit ist jedoch groß.

8.1.5 Sendungsbewusstsein

Als Bestandteil der fünf Dimensionen kirchlichen Seins wurde auch das Sendungsbewusstsein bei Zytlos untersucht. Während die Onlineumfrage die Verbreitung der guten Nachricht vom Reich Gottes tendenziell als wichtig einstuft, wird dies in den Interviews nicht direkt deutlich. Mitunter kann die Beschreibung des Cafés als Oase jedoch darauf hinweisen, dass das Reich Gottes darin als bereits gegenwärtig erlebt werde. Diese Begleitung auf dem Glaubensweg zeige sich in Gesprächen, Beratung, Gemeinschaft, Seelsorge und den spezifischen Formaten. Taufe und Abendmahl werden unterschiedlich gewertet, man sei aber zufrieden mit der Art, wie sie praktiziert werden. Der Begegnung menschlicher Not wird ebenfalls ein hoher Wert zugeschrieben, die sich beispielsweise in der Schaffung von Arbeitsplätzen, Gemeinschaftserfahrung und Seelsorge sowie in der allgemein wertschätzenden und offenen Haltung gegenüber allen Menschen realisiere. Außerdem werden Anlaufstellen der Stadt und des Kantons bei sozialem Bedarf vermittelt. Im Blick auf die Bewahrung der Schöpfung werde laut Andreas der Verzicht auf PKWs gefördert, daneben auch der sorgfältige Umgang mit Ressourcen, die Verwendung von ökologischen Reinigungsmitteln und Bio-Produkten sowie sorgfältige Entsorgung von Abfällen thematisiert.

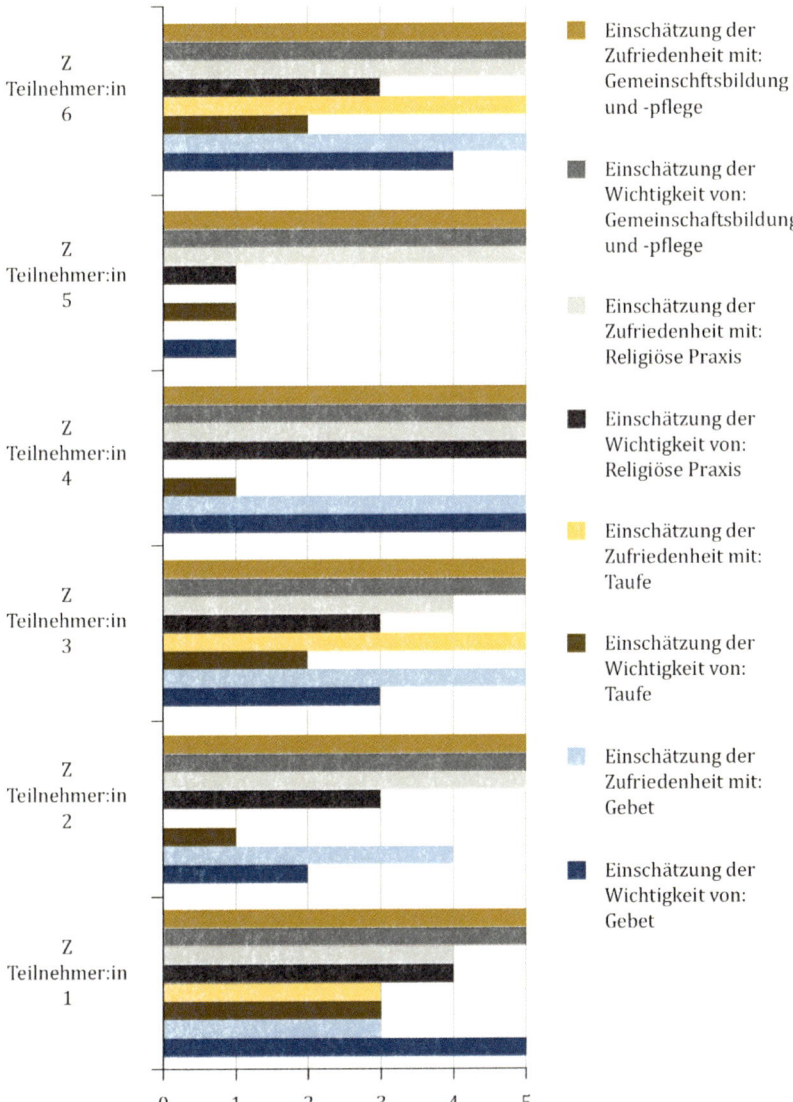

Abbildung 9: Ekklesiologische Aspekte (Zytlos)

Diese Grafik zeigt, gestützt auf die Onlineumfrage, die Wichtigkeit und Zufriedenheit bezüglich verschiedener Aspekte der Ekklesiologie. Man sieht in der Skala die Einschätzung der einzelnen Teilnehmer:innen bezüglich der Scores. Zytlos-Teilnehmer:in 2, 4 und 5 haben sich nicht zu allen Aspekten geäussert, was durch die fehlenden Balken in den Farbcodes der jeweiligen Scores sichtbar wird. Z steht für Zytlos. (N=6)

8.2 Identität und Selbstverständnis

Als weiteres ekklesiologisches Merkmal wurde im Zuge der Interviews nach dem Selbstverständnis bei Zytlos gefragt. Benjamin zufolge verstehen sich die Initiator:innen als Wegbereitende, die als Team in Kontakt miteinander stehen, aber auch für andere Raum öffnen wollen. Georg beschreibt die Gemeinschaft als Graswurzelbewegung, an der sich neben einer Kerngruppe allerlei Menschen beteiligen und – im Gegensatz zu anderen Cafés – die Anonymität durchbrechen können. Dazu trägt laut Benjamin auch die Lokalität im reformierten Kirchgemeindehaus bei, was Gäste zu Fragen anrege. Diese würde positiv wahrgenommen und auf natürliche Weise zur Jesus-Nachfolge motivieren. Laut Nadja würden Menschen so betreut, dass sie sich einbringen können, ihnen werde Zeit und Andreas zufolge auch Beheimatung geschenkt. Jonas hebt zudem den Respekt vor eigenen Meinungen und die Unterstützung der Bedürfnisse der Einzelnen hervor.

Eine starke Fokussierung auf die Pfarrperson bestehe laut Benjamin trotz der ehrenamtlichen, gleichverantwortlichen Leitung von Zytlos durch andere Personen und sei auf Ressourcenausgleich sowie die hervorgehobene Stellung der Pfarrpersonen zurückzuführen. Es gebe tatsächlich aber keine Hierarchien, so die Onlineumfrage, sondern eine Beteiligungsgemeinschaft im evangelischen Sinne aus spirituell interessierten Menschen auf der gemeinsamen Suche nach gelingendem und erfüllendem Leben. Die Anbindung an das Evangelium, das Vorbild Jesu und christliche Werte bilden die Grundlage und begründen die Liebe zu den Menschen. Das Vertrauen auf Gott und die Kraft des gelebten Evangeliums verbinde einander, die willkommen heißende Atmosphäre solle auch Kirchenfernen Raum für persönliche Glaubenserfahrungen, gegenseitiges Lernen und die gemeinsame Realisierung innovativer, zeitgemäßer und lebensnaher spiritueller Formen bieten. Dabei wolle Zytlos kein Ersatz herkömmlicher Kirchgemeinden sein, sondern ein zusätzliches Angebot für Austausch, Zugehörigkeit und aktive Mitgestaltung. Als Alleinstellungsmerkmale werden die einladende Lokalität, der Zusammenhalt des Teams und die unkonventionellen Gottesdienste mit Möglichkeiten für alle, sich einzubringen, genannt. Man habe ein starkes Zugehörigkeitsgefühl zu Zytlos und fühle sich dort aus jeder Lebenswelt kommend wohl, wo Raum für Lachen wie Weinen, Tiefgang wie Festzeiten bestehe.

8.3 Kontextualität

Unter dem Zeichen der Kontextualität wurden Zielgruppen und Prägungen von Zytlos untersucht. Während laut Benjamin ursprünglich 20- bis 50-Jährige angesprochen werden sollten, erweist sich das tatsächliche Altersspektrum der Gäste als viel größer. Gerade für mitteilsame und engagierte Menschen ohne Kontakte zur Kirche, für Menschen mit Familienverpflichtungen oder für solche, die aus dem Umkreis von Zürich kommen, sei Zytlos laut Franziska und Jonas attraktiv, da das Engagement flexibel sei, das Café kinderfreundlich und im lokalen Umfeld kein vergleichbares Angebot vorhanden sei. Zugleich sei aber die Familienfreundlichkeit des Cafés für Paare und Singles ein weniger einladender Aspekt, auch Menschen aus dem genügsam traditionellem Milieu würden weniger angesprochen als digitale Kosmopolit:innen und adaptiv Pragmatische. Man hinterfrage aber die Ausrichtung auf gewisse Lebenswelten und Zielgruppen, da die Kontexte der Besucher:innen erfahrungsgemäß sehr divers seien. Nadja verweist daher auf die Resonanz als Anziehungsmoment von Zytlos, wie auch Andreas das Bleiben am Puls der Menschen betont.

Die Onlineumfrage spiegelt die Aussagen der Interviewten über die Kontextualität bei Zytlos wider und inkludiert sowohl traditionelle Kirchenmitglieder als auch Menschen aus Freikirchen mit Wunsch nach anderen Formen. Man wolle für die parochial organisierte Kirche eine bereichernde Ergänzung mit Partizipationsmöglichkeit sein, ohne eine Konkurrenzsituation zu schaffen. Die gemeinschaftlichen Formen werden dialogisch und gemeinschaftlich gestaltet, um Raum für Begegnung zu schaffen, geprägt sei man dabei stark durch das Umfeld. Das soziale Milieu wird als bunt gemischt und urban beschrieben, man verzeichne allerdings ein größeres Einzugsgebiet von ca. 150 km^2.

8.4 Organisation und Struktur

Die Mitgliederzahlen in der Onlineumfrage werden mit 50–600 Menschen angegeben und variieren damit sehr stark, wobei ca. 40–70 Personen als Freiwillige beteiligt sein dürften und ein steter Zufluss an neuen Ehrenamtlichen dank niederschwelliger Einstiegsmöglichkeiten bestehe. Die Kerngruppe treffe sich zwei- bis fünfmal pro Woche als Gemeinschaft, möchte dies aber auf 365 Tage im Jahr ausbauen. Gastfreundschaft, Herzlichkeit und Offenheit sowie hochqualitative kulinarische Produkte und stete Aufmerksamkeit für das Gegenüber nähmen einen wichtigen Stellenwert ein.

8.5 Zugehörigkeit

Die Onlineumfrage lässt auf eine starke Verbundenheit von Zytlos mit der örtlichen Kirche, der gesamtstädtischen Kirchgemeinde Zürich sowie der weltweiten Kirche schließen, auch wenn die je persönliche Verbundenheit variiert. Christliche Gemeinschaften von außerhalb würden Zytlos besuchen und sich über das Pilotprojekt informieren, für eine aktive Pflege der Kontakte mit solchen Gemeinschaften fehle derzeit aber die Kapazität. Als Hindernis in der Zusammenarbeit mit anderen ansässigen christlichen Gruppen wird die teilweise Wahrnehmung von Zytlos als Konkurrenz genannt, wobei man aber auch Wachstumspotenzial in der Zusammenarbeit, gegenseitige Inspiration und Bewerbung von Aktivitäten und Events sehe.

8.6 Innovation

Als innovativen Aspekt von Zytlos nennt Franziska die Mischung der jeweiligen religiösen Sozialisierung und Prägung der Beteiligten, die sich in der Suche nach neuen Ausdrucksmöglichkeiten des Glaubens verbinden. Jonas sieht den vorhandenen Raum zur Umsetzung eigener Ideen als innovativ, während Andreas nicht die Neuheit der diversen Formen betont, sondern ihre integrierende Wirkung. In der Onlineumfrage wird zudem deutlich, dass bestehende und praktizierte Formen zwar zu würdigen, nicht aber um jeden Preis zu erhalten sind, sondern stets auch neuen Formen Raum für die Weitergabe des Evangeliums gegeben werden soll. Innovation wird auch in der Begegnung auf Augenhöhe gesehen sowie im professionellen Cafébetrieb, der 365 Tage im Jahr geöffnet sein sollte.

8.7 Vitalität

Ein Anzeichen für die Vitalität bei Zytlos sei Benjamin zufolge die großen Verantwortungsbereiche, welche die Freiwilligen tragen, deren wachsende Partizipation für den funktionierenden Betrieb essenziell sind. Inspirierend wirke laut Franziska und Jonas auch die Offenheit und die belebende Anregung zur Reflexion, sei aber auch abhängig von den Beiträgen der Beteiligten. So habe die basisdemokratische Struktur einen vitalitätsfördernden Effekt, indem sich alle als auf einem Weg befindliche Suchende verstünden. Andreas, Benjamin und Jonas empfinden zudem den theologischen Austausch unter Nicht-

Theolog:innen bewegend und für die spirituelle Ausdrucksfähigkeit hilfreich. Manche sehen Zytlos als geschützten und zugleich schutzbedürftigen Raum, dessen Lebendigkeit gegen äußere Widerstände zu verteidigen, aber auch auf weitere Projekte übertragbar sei. Auch die Anwesenheit von Kindern wird neben Leidenschaft und Begeisterung als wichtiges Vitalitätskennzeichen erachtet. Dazu gehören der Fokus und die bewusst verwendete Zeit auf die Menschen, welche den Alltagstrott durchbrechen und für die Vitalität der Beziehungen sorgen.

8.7.1 Veränderungs- und Lernbereitschaft

Die Adaptionsbereitschaft bei Zytlos wird in der Onlineumfrage als sehr hoch eingeschätzt, was am evolutionären Organisationssystem, der breit geschulterten Verantwortung und anpassbaren, neuen Formaten ersichtlich sei. Letztere durchlaufen einen permanenten Veränderungsprozess, der auch von konstruktiver Kritik profitiere. Dabei sei zu fördern, was gedeihe, und loszulassen, was absterbe.

8.7.2 Verantwortung

Die Entwicklung von Zytlos wird in vier Aspekten der Verantwortung deutlich:

1. Selbstfinanzierung: Die Eigenfinanzierung von Zytlos wird laut Onlineumfrage als sehr wichtig eingestuft, die Zufriedenheit damit sei teilweise gegeben.
2. Eigenverantwortliche Leitung: Auch das eigenverantwortliche Leitungsprinzip wird in der Onlineumfrage als wichtig erachtet und teilweise Zufriedenheit damit geäußert.
3. Charakter der Multiplikation und Reproduktion: Das Wachstum der Gemeinschaft wird in der Onlineumfrage als eher wichtig angesehen und verzeichnet sehr hohe Zufriedenheit.
4. Theologische Produktivität und Sprachfähigkeit: Die theologische Arbeit wird als teilweise wichtig eingestuft, wobei die Teilung der theologischen Verantwortung als eher wichtig erachtet wird. Veränderungen werden bei der theologischen Sprachfähigkeit der Mitglieder beobachtet, wobei auf ein offenes und nichtkirchliches Vokabular geachtet werde. Die Teilnehmenden brächten Glaube und Spiritualität ins Gespräch und würden bei der Verknüpfung von Bibel und Leben gefördert.

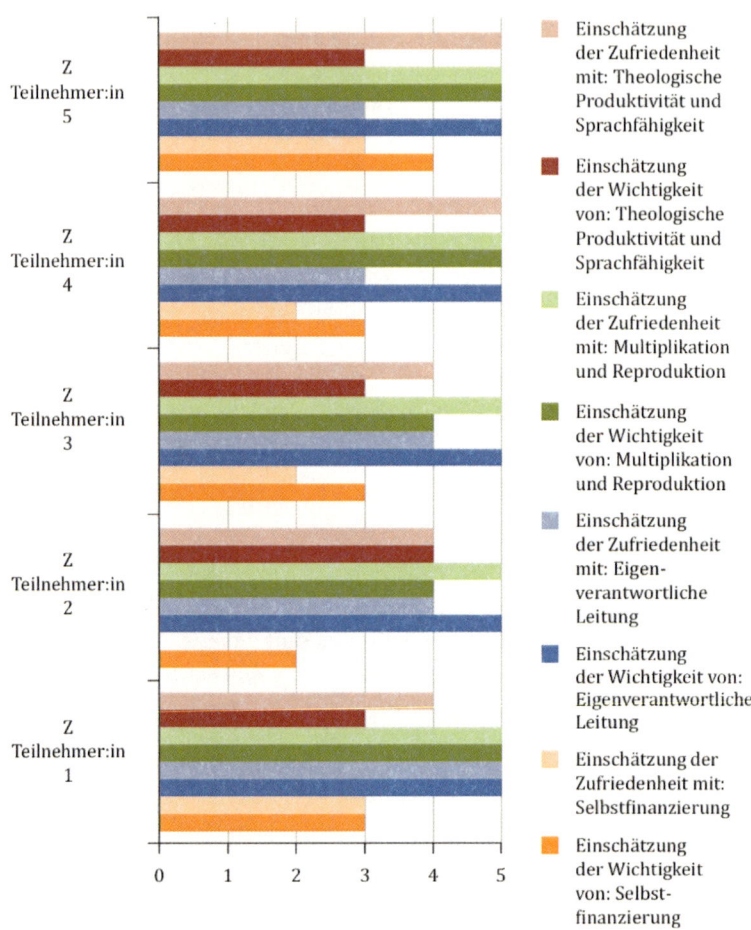

Abbildung 10: Dimensionen der Verantwortung (Zytlos)

Diese Grafik zeigt, gestützt auf die Onlineumfrage, die vier Dimensionen der Verantwortung in Bezug auf die Einschätzung der Interviewpartner:innen zu Wichtigkeit und Zufriedenheit in einer Skala von 1–5, wobei 1 wenig wichtig/zufrieden und 5 sehr wichtig/zufrieden bedeutet. Insgesamt haben fünf Teilnehmer:innen diese Fragen beantwortet, wobei Zytlos-Teilnehmer:in 2 keine Angabe zum Score Zufriedenheit mit der Selbstfinanzierung machte. (N=5)

8.7.3 Nachfolge

Die Definition der Nachfolge orientiert sich Benjamin zufolge nicht lediglich am Dienst an den Menschen, sondern auch am Ruf des Menschen in den Dienst. Zentrum der Nachfolge ist Jesus Christus, so wie sein Leben und Wirken in den vier Evangelien beschrieben wird. Seinem Geist nachzuleben und sich auf seine Handlungsweisen einzulassen, bedeute Nachfolge. Nachfolge bedeutet aber auch die Haltung, sich von Gott getragen zu wissen. Georg sieht darin auch eine Gesinnung gegenüber anderen, die sich unter anderem in der Meditation oder in Gesprächen realisiere. All dies wolle man laut Nadja den Menschen vermitteln und sie so zu mehr Freiheit und Mündigkeit einladen. Ein höheres Maß an Verbindlichkeit sei laut Benjamin über den Cafébesuch auch in anderen Formaten möglich, ohne an ein bestimmtes Glaubensbekenntnis gebunden zu sein. Vielmehr wachse die praktische Nachfolge organisch mit dem Bedarf. Das Erlebnis der Beheimatung bei Zytlos führe der Onlineumfrage zufolge zur Veränderung einzelner Mitglieder, die in ihrer Selbstannahme, Persönlichkeit und Glaubenshaltungen gestärkt werden. Zugleich wachse die Toleranz, die verändernde Kraft der Gemeinschaft und das Interesse an Glaubensfragen, welche auch im Alltag und in diversen Lebensbereichen relevant seien, sowie der Glaube selbst.

8.7.4 Nachhaltigkeit: Kontinuität und Verlässlichkeit

Unter dem Schlagwort der Nachhaltigkeit wird eine entstehende und sich entwickelnde christliche Gemeinschaftsform verstanden, die trotz Veränderungen Kontinuität und Verlässlichkeit bietet. Zumindest das Kernteam bei Zytlos versteht sich unter diesem Gesichtspunkt als Suchende, die visuelle Darstellung der unterschiedlichen Rollen der Mitarbeitenden und Freiwilligen an einer Wand wirke laut Benjamin zudem motivierend für neue Freiwillige, welche sich Georg zufolge oft auch in ihrer traditionellen Kirche engagieren. Laut Franziska und Jonas diene die Familienfreundlichkeit bei Zytlos auch der Kontinuität und ermögliche den Familien die Teilnahme an den Treffen. Nadja sieht in der Vielfalt der Teilnehmenden sowie im kirchlichen Gebäude Faktoren für die Nachhaltigkeit. Die Planung der Angebote erfolge gegenwartsbezogen – mit Ausnahme der finanziellen Planung, die eines längerfristig durchdachten Umgangs mit Ressourcen bedarf. Als weitere Faktoren der Nachhaltigkeit gelten die Personalstellen mit 150 Stellenprozenten, die neben Betriebsmitteln und Räumen von der Kirchgemeinde Zürich zur Verfügung gestellt werden, ebenso die 50 Pfarrstellenprozente und die 137 Stellenprozente an Freiwilligenarbeit.

8.7.5 Identifizierung und Befähigung von Freiwilligen

Die als sehr wichtig eingeschätzte Befähigung von Freiwilligen geschieht bei Zytlos durch sorgfältige Einführung und Begleitung, durch gemeinsame Gestaltung von Events, der Übergabe von Verantwortung wie auch durch die Stärkung in der Seelsorge. Freiwillige wählen ihre Rollen und die Häufigkeit ihrer Einsätze selbst. Dabei fördere man die vorhandenen Fähigkeiten und Talente. Von dem Projekt Zytlos würden Menschen vor allem auf digitalem Weg und durch Mundpropaganda erfahren, die Rekrutierung erfolge dann bei Nachfrage nach Möglichkeiten zur Beteiligung. Derzeit sei der Andrang sogar größer, als es die vorhandenen Ressourcen für Einführung von neuen Freiwilligen erlauben.

8.7.6 Konflikterfahrungen

Zytlos bezeichnet sich in der Onlineumfrage als eher konflikterfahren, bisherige Hauptkonfliktpunkte betrafen Finanzen und die Stellung innerhalb der Kirchgemeinde. Die Vision des Café Zytlos stelle allerdings keinen Konfliktpunkt dar. Klärend würden Gespräche und Analyse der Konfliktpunkte wirken, professionelle Beratung und spirituelle Angebote wurden bislang nicht zur Konfliktlösung herangezogen.

8.7.7 Außenorientierung

Mit der sehr stark eingeschätzten Außenorientierung ist man laut Onlineumfrage eher zufrieden, sie zeige sich in der Offenheit für alle Menschen. Mit der Schaffung von Arbeitsplätzen und einem Gemeinschaftsort sollen auch jene, die es im Leben schwer haben, ihren Weg von der Straße in die kirchlichen Gebäude finden. Zentral sei hierfür die diakonische Arbeit der Grundsatz von der Hilfe zur Selbsthilfe. Besonders anziehend wirke der Co-Workingspace.

8.7.8 Bremsfaktoren für Vitalität

Im Hinblick auf die eigene Vitalität fühle man sich zuweilen ausgebremst und müsse sich gegen Einflüsse, die Lebendigkeit rauben, wehren. Dazu zählt der als problematisch empfundene Umgang vonseiten der kirchlichen Behörden mit den Freiwilligen und die mangelnde Wachstumsgewohnheit der reformierten Kirchen im Allgemeinen. Laut Benjamin sind aber auch der Budgetplan und begrenzten Stellenprozente ein Bremsfaktor. Als hinderlich werden von den Mitarbeitenden außerdem konkrete Konzepte oder festgesetzte Strukturen empfunden, man wolle die Freiwilligen und ihre Vitalität vor der Bürokratie schützen. Jonas zufolge nähmen auch die Freiwilligen solche Spannungen bereits wahr, ohne selbst administrativ tätig zu sein. Als Beweggründe der Entscheidungsträger:innen vermutet Andreas Ängste, Mutlosigkeit, Neid und einen Mangel an unternehmerischem Denken. Nadja fordert daher nicht nur im finanziellen Sinne Mut und Verantwortung zur Investition sowie eine gute Projektorganisation, um die Partizipationsfreude nicht mit starren Strukturen zu dämpfen. Wertschätzung spiegele sich schließlich nicht allein in verbaler Dankbarkeit wider, sondern auch im Budget. Insofern herrscht großteils Unverständnis für das Vorgehen und die Budgetplanung der Kirchgemeinde.

8.8 Haltungen

Offenheit für eingebrachte Ideen und Unterstützung bei der konkreten Umsetzung durch das Kernteam sollen laut Jonas, Georg und Benjamin bei Zytlos ebenso wie gelebte Vielfalt und Akzeptanz geboten werden. Jeder Mensch sei als Individuum willkommen, und unterschiedliche Lebensentwürfe würden akzeptiert, auch wenn die theologische Ausrichtung nicht beliebig sei, wie Nadja betont. Durch die Haltung des Leitungsteams kämen christliche Themen eigenständig zur Sprache, es werde Andreas zufolge mit der Begegnung Gottes im Gegenüber gerechnet. Die Willkommenskultur, die gepflegt wird, zeige sich sowohl in der Ästhetik der Innendekoration wie in der Offenheit für neue Formate, was wiederum von Risikobereitschaft zeuge. Eine weitere Grundhaltung bei Zytlos stellt die große Motivation seiner Mitglieder dar, die sich aus der Stimmung im Kernteam, der Leidenschaft für das Projekt und der ermutigenden Übergabe von Verantwortung ergebe, sie rege zum Einsatz von unbezahlten Stunden in Freiwilligenarbeit an. Die Verbindlichkeit variiere laut Georg jedoch nach individueller Präferenz. Obgleich man den kirchenpolitischen Prozess um die finanziellen Fragen Nadja zufolge nicht nachvollziehen könne, herrsche bei Zytlos Dankbarkeit für alles Erreichte und Hoffnung für die Zukunft vor.

8.9 Zusammenfassung

Zytlos ist ein Projekt, das sich als Beteiligungsgemeinschaft versteht. Der Anspruch, Raum für Partizipation und Selbstentfaltung der Einzelnen zu bieten, scheint zentral für das eigene Selbstverständnis. Die Möglichkeit, eigene Projekte und Ideen einzubringen, hat zur Folge, dass der Wunsch von vielen neuen Freiwilligen, in die Abläufe von Zytlos eingeführt zu werden, die vorhandenen Kapazitäten sprengt. Aufgrund der expliziten Willkommenskultur habe man keine spezifische Zielgruppe definiert. Die Menschen, die kommen, sollen

Raum erhalten, und ihnen soll Wahrnehmung und Wertschätzung vermittelt werden. Dies soll sich ferner in der Atmosphäre und Ästhetik der Räumlichkeiten sowie in der Qualität der Produkte widerspiegeln. Der Cafébetrieb soll zum Austausch anregen, um die in andere Cafés oft vorherrschende Anonymität zu überwinden und die Gäste zur Kommunikation zu motivieren, was nach eigenen Einschätzungen durchaus gelinge. Diese Haltung komme auch in der Rolle der Spiritualität zum Ausdruck, so beispielsweise in gottesdienstähnlichen Formaten und Inputs. Viel wichtiger scheinen jedoch aufmerksame Gespräche über das Ausleben von Evangelium und Nachfolge zu sein. Gerne gebraucht wird das Bild der Hebamme, welches für die Begleitung von Menschen auf dem eigenen Glaubensweg und zur eigenen spirituellen Mündigkeit steht. Zentral ist dabei eine größtmögliche Freiheit ohne festgelegte Formen. Vielmehr werden liturgische Formen mit den Beteiligten zusammen entwickelt und bei Bedarf auch wieder abgesetzt. Das christliche Selbstverständnis ergibt sich nicht zuletzt durch die kirchlichen Räumlichkeiten und die kirchliche Beheimatung des Leitungsteams. Die beschriebenen Haltungen bringen eine enorme Vielfalt hervor, sowohl in Bezug auf Spiritualität und Vokabular als auch auf diverse Milieus, Altersgruppen und Kontexte der Besuchenden.

Neben der räumlichen Verbindung mit der reformierten Kirche gibt es durch die Netzwerke der Einzelnen diverse Berührungen zu anderen christlichen Strömungen, die aus Mangel an zeitlichen Kapazitäten jedoch nur schwer ausgebaut werden können. Die Stellung innerhalb der Kirchgemeinde erscheint dabei als einer der Hauptkonfliktpunkte, vor allem die Risikobereitschaft und die damit einhergehende Innovation und Vitalität des Projekts werden in Diskrepanz zur traditionellen, oft als strukturorientiert und bürokratisch beschriebenen Kirche erlebt. Die Haltung der Verantwortlichen der Kirchgemeinde gegenüber Zytlos wird oft als misstrauisch und kritisch wahrgenommen, finanzielle Aspekte wie der Budgetplan und die zugeteilten Stellenprozente sind umstrittene Themen. Die schwerfälligen administrativen Abläufe werden als Bremsklotz für die eigene Vitalität wahrgenommen. Zytlos selbst sieht sich dabei weniger als Konkurrenz, sondern vielmehr als Ergänzung zu den traditionellen ekklesialen Formen.

8.10 Außenwahrnehmung – ein Stimmungsbild

Um eine Außenperspektive auf das Projekt einzuholen, wurden Telefoninterviews mit professionell mit Zytlos Verbundenen durchgeführt, welche die obig geschilderte Innenperspektive ergänzen sollen. Während manche der Interviewpartner:innen positiv von der kirchlichen Belebung der Räumlichkeiten sprechen, kritisieren andere Stimmen das risikoreiche, inhaltlich unklare und das für sie als übergriffig empfundene Verhalten von Zytlos. Zwei der befragten Personen pflegen direkten und persönlichen Kontakt mit Zytlos, eine Person vermeidet diesen, um einer Vereinnahmung durch Zytlos vorzubeugen. Generell sind die Interviewaussagen von starken Emotionen und der gebrauchte Wortschatz von negativ gefärbten Ausdrücken geprägt. Dabei kristallisieren sich zwei tendenzielle Stimmungen heraus: Von einer Seite wird der Konflikt über die Räumlichkeiten sachlich distanziert beschrieben und als Machtfrage verstanden, die andere Sichtweise geht von keinem Konkurrenzverhältnis aus und betont die positive Zusammenarbeit sowie die Reichweite des Projekts über die kirchennahen Menschen hinaus. Trotz der Polarität dieser Einschätzungen überwiegt die Beschreibung der Leitungspersonen von Zytlos als charismatisch, leidenschaftlich und inspirierend. Die Zusammenarbeit gestalte sich jedoch aufwendig und sei von forderndem Druck seitens Zytlos geprägt, die keiner Verhältnismäßigkeit gegenüber anderen Projekten und herkömmlichen Pfarrämtern entspreche. Geschätzt wird das Projekt als verbindender Ort für den Kirchenkreis, auch wenn der damit einhergehende große Aufwand der landes- und kirchgemeindlichen Beziehungen für Zytlos anerkannt wird. Neben der physischen Reichweite wird auch das Nischendasein für Kirchenferne als Chance gesehen, welche spezifische Bedürfnisse abdecken und niederschwellig eine kirchliche Beheimatung bieten können. Die einladende Atmosphäre sei bereichernd für das traditionelle Gemeindeleben und schaffe eine belebende kirchliche Nutzung der Räumlichkeiten ohne Fremdvermietung. Die Abhängigkeit vom großen Gastronomiebetrieb mit einhergehenden Hygienestandards und rechtlicher Konformität wird hingegen als Risiko betrachtet, ebenso die personelle Situation: Projektleiter und kirchenleitende Verantwortliche. Die Übernahme durch die Landeskirche wird von einer Person als Fehlentscheidung bezeichnet, da Zytlos sehr viele Ressourcen verschlinge. Als weitere Risikofaktoren werden der äußere Widerstand und die Bürokratie gesehen, was Innovation ausbremse. Auch das als zu diffus wahrgenommene spirituelle Profil wird als Schwäche genannt, ebenso die offene Frage der Nachhaltigkeit, die ungleichmäßig fortgeschrittene Adaption in den Kirchenkreis bzw. die Konkurrenzsituation mit traditionellen kirchlichen Angeboten und die Abhängigkeit vom Projektleiter. Dessen Charisma wiederum wird als Stärke gesehen und die Dynamik sowie professionelle Präsenz und Selbstdarstellung im öffentlichen Raum als Chance wahrgenommen.

9 Analyse

Im Folgenden werden nach einer eingehenden Analyse beider Projekte exemplarische Aspekte derselben vergleichend dargestellt. Während beide Projekte neue kirchliche Gemeinschaftsformen mit viel Potenzial sind, die neue Zielgruppen ansprechen, die Kirchgemeinde Zürich diversifizieren und ein hohes Maß an Engagement verzeichnen, werden an dieser Stelle die kritischen Punkte hervorgehoben, um eine Handreichung für die Evaluation weiterer kirchlicher Gemeinschaftsformen bieten zu können.

9.1 Stadtkloster

Die christliche Sozialform des Stadtklosters kann aufgrund seiner strukturellen Ähnlichkeit mit Klöstern und seinem Fokus auf religiöse Praxis durch die Tagzeitgebete dem «New Monasticism»[61] zugeordnet werden. Einen auffallenden Unterschied stellt das Fehlen anderer normierender Formen der sozialen oder religiösen Gestaltung dar. Vielmehr ist die Gemeinschaft offen für Veränderungen, die auf gegenwärtige Bedürfnisse abgestimmt sind, was auf den reformatorischen Hintergrund zurückzuführen sein dürfte. Ihre ekklesiale Verfasstheit hat das gemeinschaftsbezogene Dasein zum Schwerpunkt, was in der Wohngemeinschaft, den regelmäßigen geistlichen Übungen und dem Selbstverständnis als Weggemeinschaft deutlich wird. Diakonisches Handeln wird auf die Wertschätzung der Partizipierenden bezogen, die Kommunikation des Evangeliums mit der religiös fluiden und sich ändernden Praxis verflochten. Die gegenseitige Erschließung der ekklesialen Dimensionen wird nicht deutlich, so beispielsweise im Hinblick auf die Sakramente, welche aus der Innenperspektive geringe Relevanz aufweisen, aber hohe Zufriedenheit verzeichnen.

Das Selbstverständnis des Stadtklosters entspricht einer ekklesialen Gemeinschaft ohne konfessionelle Engführung, um spirituell Suchenden gegenüber offen zu bleiben. Zugleich bleiben die Entstehung theologischer Entscheidungen und die Ziele undeutlich, das Nebeneinander von Meinungsbildungsprozessen wird kaum thematisiert. Gerade die Verschmelzung verschiedener

---

[61] «New Monasticism» ist eine globale Bewegung, deren Ursprung wahrscheinlich auf die 1970er- und 80er-Jahre zurückgeht und in U. K. entstanden ist. Die Bewegung besteht aus Menschen und Gemeinschaften, die einen kontemplativen Lebensstil pflegen wollen. Die Idee der Bewegung basiert auf dem traditionellen Konzept eines gemeinschaftlichen monastischen Lebens für Gott. Die neuen monastischen Gemeinschaftsformen sind insofern von Interesse, weil deren Versuch, christliche Tradition und Kontextorientierung zu vereinen, in der Entstehung von Innovation resultiert. Vgl. Müller, «New Monasticism».

Traditionen scheint jedoch den Reiz der hybriden Form aus reformierter und monastischer Tradition auszumachen.

Die schwach ausgeprägten Strukturen und organisatorischen Merkmale werden sowohl in der Innen- als auch der Außenperspektive als Herausforderung wahrgenommen, besonders in Bezug auf die Nutzung der Räumlichkeiten. Für die Schaffung eines klaren organisatorischen Rahmens bedürfte es zusätzlicher Ressourcen. Der Bezug zur reformierten Kirchgemeinde ist daher von geringer innerer Verbundenheit gezeichnet und die strukturelle und rechtliche Verfasstheit ungeklärt. Als innovative Aspekte hingegen werden die flache Hierarchie, gemeinschaftliche Prozesse, Vielgestaltigkeit und Experimentierfreude beschrieben, welche motivierend wirken. Insofern ist das Stadtkloster eine vitale Gemeinschaft, die hohe Partizipationszahlen, Lernbereitschaft und ein attraktives, liturgisch-ästhetisches Angebot vorzuweisen hat. Der überwiegende Anteil von Teilnehmenden mit höherem Bildungsgrad weist jedoch angesichts der illusorischen Selbstbeschreibung, für alle da sein zu wollen, einen Bedarf an Zielgruppenklärung auf. Die hohe Beteiligungsrate ist auf eine ausgeprägte intrinsische Motivation zurückzuführen und setzt hoch aktive religiöse Subjekte voraus. Der Fokus auf die Dimension des Erlebens lässt theologische Aspekte in den Hintergrund treten bzw. nur in speziellen Formaten behandelt werden.

Offen bleibt die Gestaltung der Administration aus einer Nachhaltigkeitsperspektive, ebenso unklar ist das Verhältnis der exklusiven Wohngemeinschaft und inklusiven geistlichen Praktiken. Die Garantie für die Kontinuität scheint eine über persönliche Verbindung gewachsene Struktur zu sein, die für ein anfänglich ekklesiales Dasein nachvollziehbar und im Sinne der Effectuation-Theorie[62] sinnvoll ist, jedoch struktureller Klarheit ermangelt. Auf inhaltlicher Seite ist der konstruierte Kontrast zwischen einem vermeintlichen Gegensatz von gelebtem und verkündetem Christsein verkürzt und dürfte religiösbiografischen Ursprüngen entstammen. Es fehlt trotz Anbindung an die reformierte Gemeinde ein ausgeprägtes Verhältnis zu Taufe und Abendmahl. Der von beiden Seiten beklagte Mangel an Kommunikation legt auch in anderen Bereichen einen Bedarf an Vernetzung offen, als große Stärke des Projekts gilt jedoch das ehrenamtlich getragene Angebot.

---

[62] Florian Sobetzko und Matthias Sellmann, *Gründerhandbuch für pastorale Start-ups und Innovationsprojekte* (Würzburg: Echter, 2017), 100–130.

9.2 Zytlos

Die ekklesiale Gemeinschaftsform von Zytlos lässt sich über dessen Verankerung im Café-Betrieb definieren, wo Gemeinschaft für spirituell Suchende, freiwilliges Engagement, gelebtes Evangelium und bewusst geschenkte Zeit füreinander möglich sein sollen. Die nach dem Selbstverständnis als Sendung betrachtete und von der räumlichen Ästhetik, zielgruppenorientierten Professionalität und seelsorgerlichem Angebot getragene Willkommenskultur soll den theologischen Schwerpunkt der Wegbegleitung im Glauben vermitteln. Die kann sich in Form von Arbeitsplatzbeschaffung bis hin zu schöpfungstheologischen Aspekten wie fairen Produkten realisieren. Die von den Bedürfnissen der Teilnehmenden abhängige religiöse Praxis weist eine große Vielfalt und Fluidität auf, ohne zentrale spirituelle Ausdrucksformen stellt die personale Begegnung im Gespräch den Fokus dar. Dies erfordert allerdings eine hohe Sprachfähigkeit und birgt das Risiko, geschlossene Gruppenbildung zu fördern und in den privaten Raum überzugehen. Entsprechend schwierig sind daher auch traditionelle oder theologische Gewichtungen und Prägungen auszumachen. Beständigkeit bieten dafür die Räumlichkeiten in Anbindung an die reformierte Kirchgemeinde und das leitende Team von Zytlos. Trotz starker innerer Verbundenheit ist die kirchliche Zugehörigkeit strukturell undeutlich und wird in der Innenperspektive zwar positiv, in der Außenperspektive jedoch als Herausforderung gesehen. Die Wahrnehmung als Konkurrenzangebot mag an der besonderen Profilierung als Café, der großzügigen Stellenkonstruktion mit Hauptamtlichen oder auch an bestimmten Persönlichkeitstypen liegen.

Mit seinem Entrepreneur-Charakter, der Vernetzung individueller Anliegen und der wagemutigen Offenheit zur raschen Umsetzung neuer spiritueller Angebote erweist sich Zytlos als innovative und durch die hohe intrinsische Motivation der Partizipierenden vitale Gemeinschaft. Diese Dynamik zeigt sich in lebendigen Kleingruppen, hoher freundschaftlicher Verbundenheit, veränderungsbereiter und toleranter Haltung sowie theologischer und leitungsbezogener Selbstverantwortung. Zu hinterfragen ist an dieser Stelle, was mit Menschen bei Zytlos geschieht, die in solche nicht hineinfinden können oder wollen. Zudem fehlt eine Versprachlichung der erlebten Dynamik sowie eine klare theologische Konturierung, vielmehr wird die Experimentierfreude Einzelner von einer Haltung der Lernbereitschaft getragen. Der bekenntnisfreie Anspruch soll gerade im Kontrast zu anderen Kirchen eine natürlich gereifte Mündigkeit der Teilnehmenden ermöglichen, was theologisch gesehen insofern problematisch ist, als dies zu Beliebigkeit und dem Verlust eines klaren Profils, kommunikativer Transparenz sowie der Anschlussfähigkeit zur reformierten Tradition führen kann. Inhaltlich bleibt die Planung kurzfristig und spontan, längerfristig wird nur der rahmenschaffende Café-Betrieb geplant. Während dies aus der Innenperspektive die Anteilnahme am Projekt ermöglicht, verunmöglicht es aus der Außenperspektive Transparenzbemühungen und Zugänglichkeit für Außenstehende. Die flexible Angebotsstruktur spiegelt sich zudem nicht in der Leitungsstruktur mit vier Hauptverantwortlichen wider. Mitunter handelt es sich hierbei um ein widersprüchliches Streben nach einer spontanen und dynamischen Struktur, wünscht Zytlos sich doch zugleich Stabilität und Planungssicherheit durch strukturelle Faktoren. Aufgrund seiner Außenwirkung und Strahlkraft wird Zytlos von der Außenperspektive jedoch als herausragend geschätzt.

9.3 Exemplarische Gemeinsamkeiten: Motivation und Haltung

9.3.1 Vorbemerkungen

Beiden Projekten ist das Bedürfnis nach einer authentischen, kontextuellen und erneuernden Spiritualität gemein, sodass im Zuge der Interviews und Umfragen oftmals ähnliche Aussagen getätigt wurden, was wiederum von deren Authentizität und Aussagekraft zeugt. Auch die gesammelten Außenperspektiven weisen zahlreiche Ähnlichkeiten auf, lediglich das Verhältnis der positiv wohlwollenden und negativ kritischen Stimmen erwies sich als genau gegensätzlich. Während beim Stadtkloster die Stimmen aus dem Kirchenkreis eher kritisch, dafür aus der Kirchgemeinde positiv waren, verhielt es sich bei Zytlos mit positiver Wahrnehmung vonseiten des Kirchenkreises und Skepsis aus der Kirchgemeinde umgekehrt. Eine polarisierende Haltung ist ebenfalls bei den beiden Projekten festzustellen, insofern durch die Konstruktion des Gegensatzes zwischen dem jeweiligen Projekt und der Kirche eine durchaus biografisch geprägte, kritische Haltung gegenüber Pfarrpersonen und Wahrheitsansprüchen von der Kanzel ausgedrückt wird. Zugleich vertreten beide Projekte die Notwendigkeit unterschiedlicher Kirchenkulturen im Kontext der regio-lokalen Kirchenentwicklung.[63]

---

[63] Als regio-lokal wird eine Form der Kirchenentwicklung bezeichnet, welche die Verantwortung für die Kommunikation des Evangeliums als eine regionale und gesamtstädtische Aufgabe sieht. Ziel ist es, das Zusammenspiel von Region und lokalen kirchlichen Orten zu fördern. Dabei wird lokale Gemeindeentwicklung durch regionale Kirchenentwicklung ergänzt und bereichert. Vgl. Michael Herbst und Hans-Hermann Pompe, *Regiolokale Kirchenentwicklung. Wie Gemeinden vom Nebeneinander zum Miteinander kommen können*, ZMiR:klartext (Dortmund: ZMIR, 2017).

9.3.2 Motivation

Obgleich die intrinsische Motivation als primärer Faktor für die regen Beteiligungszahlen genannt wird, müssen extrinsische Motivatoren wie Anerkennung und Macht ebenfalls in Betracht gezogen, wenn auch nicht als zentral angesehen werden. Im Stadtkloster wird die intrinsische Motivation Andrea zufolge auf die wertschätzende Teilnahme an den Gebetszeiten, laut Thomas, Philip und Barbara auf die spirituell gleichgesinnte und wohltuende Gemeinschaft zurückgeführt. Auch die offene Grundhaltung und Umsetzungsbereitschaft für neue Ideen werden laut Paul und Elisabeth sehr geschätzt. Bei Zytlos lauten die Motivationsfaktoren ähnlich, beispielsweise die gemeinsame Umsetzung von Projekten, wie Jonas und Benjamin anführen, oder die tolerante und diverse Zusammensetzung sowie der Wohlfühlfaktor der Gemeinschaft, wie Georg, Franziska und Andreas darlegen. Die Leidenschaft für das Projekt, die vor allem in der Stimmung des Kernteams spürbar ist, wirke ebenso motivierend wie die Neugierde und bereitwillige Verantwortungsübergabe, erzeuge Kampfbereitschaft und ein hohes Zeitinvestment der Mitarbeitenden. Auch die kulinarisch und ästhetisch bestärkte Raumatmosphäre trage nebst dem familialen Aspekt zur Motivation der Gäste, Freiwilligen und Angestellten bei. Somit erweist sich die intrinsische Motivation als große Ressource beider Projekte.

9.3.3 Haltungen

Sowohl dem Stadtkloster als auch Zytlos ist die große Bedeutung einer bestimmten Haltung gegenüber sich selbst und anderen Menschen gemein. Dazu gehören offene Formen, individuelle Freiheit, gegenseitiges Wohlwollen, Achtsamkeit, Vertrauen und Ansehen. Diversität wird in beiden Projekten geschätzt oder schätzen gelernt, Gebetsgemeinschaft als verändernd wahrgenommen und bei gelebter Vielfalt dennoch der Bezug zum Evangelium gewahrt. Man suche ein gemeinsames Vokabular, lasse Raum für Zufälligkeit und erlebe variierende Verbindlichkeitsgrade aktiver Teilnahme. Der einzelnen Person werde eine große Bedeutung zugemessen und Experimentierraum geboten, neuen Formaten trotz Ungewissheit eine Chance zugestanden und somit Risikobereitschaft bewiesen. Weitere Gemeinsamkeiten stellen die Verknüpfung von Haltung und Nachfolge, den Glauben an das Unfassbare und ähnliche Strategien für das Wachstum von Neuem dar. Daneben werden auch abweichende Haltungen ersichtlich. So sieht das Stadtkloster keinen Bedarf an Selbstdarstellung, während Zytlos den Besuch von Entscheidungsträger:innen wünscht, um die dort vorherrschende Vitalität mitzuerleben. Im Hinblick auf Spannungen mit der Kirchgemeinde fällt ein zurückhaltender Zugang vonseiten des

Stadtklosters und eine aktiv kämpferische Vorgehensweise vonseiten Zytlos auf.

9.4 Das Stadtkloster und Zytlos im Vergleich

Trotz äußerlicher Differenzen haben sich im Zuge des Analyseprozesses zahlreiche Ähnlichkeiten zwischen den beiden Projekten erwiesen. Im Folgenden werden diese grafisch aufbereitet dargeboten, um die erstaunlichen ekklesiologischen Parallelen sichtbar zu machen. Sowohl im schweizerischen als auch im internationalen Vergleich haben sich neue kirchliche Gemeinschaftsformen in verschiedenen Merkmalen als auffallend ähnlich erwiesen.

Abbildung 11: Häufigste Wörter (Stadtkloster & Zytlos)

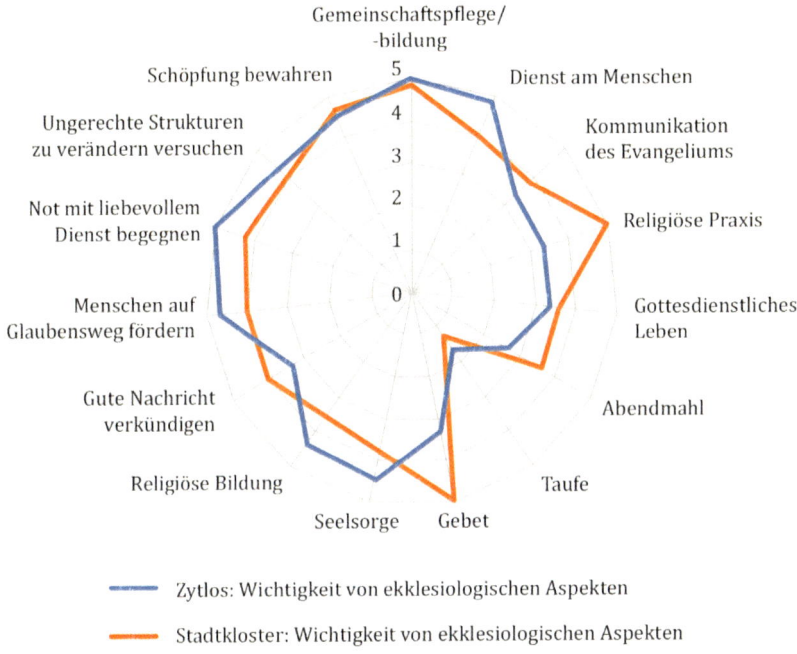

Abbildung 12: Ekklesiologie (Stadtkloster & Zytlos)

In Abbildung 12 wird ersichtlich, dass das Stadtkloster und Zytlos in Bezug auf ekklesiologische Aspekte viele Gemeinsamkeiten aufweisen. So stehen bei beiden Gemeinschaften Diakonie aber auch die Bewahrung der Schöpfung und die Nachfolge im Zentrum. Dass das Stadtkloster in den liturgischen Bereichen stärker ausschlägt, hängt zum einen mit der Identität der Gemeinschaft als urbanes Kloster zusammen, aber ebenso damit, dass das Stadtkloster bereits länger existiert. Zytlos hatte zum Zeitpunkt der Untersuchung erst 15 Monate Zeit, überhaupt eine religiöse Praxis und ein liturgisches Profil auszubilden.

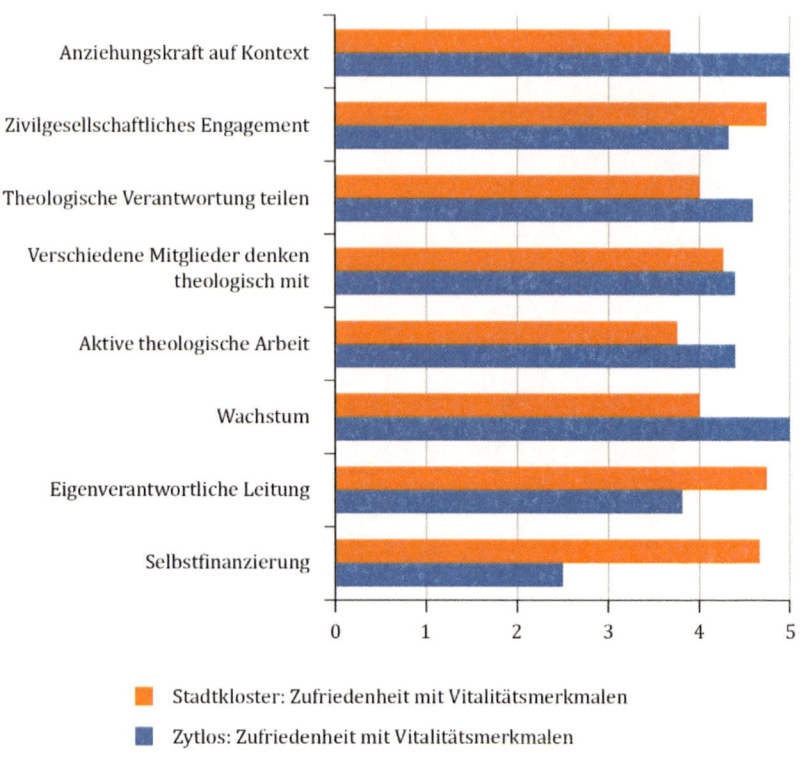

Abbildung 13: Vitalität (Stadtkloster & Zytlos)

9.4.1 Vergleich der Außenperspektiven

In der Wahrnehmung der befragten Außenstehenden scheinen die Ansätze beider Projekte Anklang zu finden und ähnliches Potenzial aufzuweisen. Die Reichweite erfasst sowohl junge Menschen als auch solche mit spezifischer Spiritualitätsform. Beiden Projekten werden Offenheit und Niederschwelligkeit attestiert sowie eine hohe Strahlkraft über das lokale Umfeld hinaus. Auch im Hinblick auf Spannungsfelder weisen beide Projekte einen als problematisch empfundenen Bezug zur Kirchgemeinde auf, wobei im Stadtkloster die Weigerung von Ressourcenförderung, bei Zytlos dagegen kritische Nachfragen als konfliktfördernd betrachtet werden. In beiden befragten Gruppen plädieren Stimmen für die Einbindung der Projekte auf landeskirchlicher Ebene.

Gemein ist den beiden Außenperspektiven zudem die ambivalente Darstellung der Zusammenarbeit innerhalb des jeweils eigenen Kirchenkreises, Berichte von gelingender Kommunikation und Zusammenarbeit stehen diesbezüglich neben Äußerungen über spannungsreiche Verhältnisse und Missverständnisse. Die Koordination gemeinsamer Projekte wird häufig als Mehraufwand empfunden, und auch über die Einbindung bzw. Autonomie vom Kirchenkreis wichen die Aussagen stark ab. Insofern verwundert die Skepsis gegenüber dem längerfristigen Bestand der als Experimente wahrgenommenen Projekte kaum.

Somit stimmen die Außenwahrnehmungen beider Projekte in den wesentlichen Punkten überein, sowohl im Hinblick auf Potenzial als auch auf Herausforderungen. Ein deutlicher Unterschied der Außenperspektiven lässt sich jedoch in der Emotionalität der positiven wie auch negativen Aussagen gegenüber Zytlos festmachen, was anhand der intensiven Wortwahl deutlich wurde. Zudem profiliert sich Zytlos in der Fremdwahrnehmung theologisch weniger deutlich, während das Stadtkloster explizit für seine starke Vision gelobt wird.

10 Abschließende Bemerkungen

In einem aufwändigen Verfahren wurden die beiden neuen kirchlichen Gemeinschaftsformen begleitend evaluiert und der Stand der jeweiligen Entwicklung dargestellt. Eine solch aufwändige Evaluation ist zwar hilfreich, aber es ist ebenfalls hilfreich und zielführend, wenn ab und zu in der kirchlichen Gemeinschaftsform selbst (oder der Ortsgemeinde), allein oder mithilfe einer externen Person, die Fragen der Handreichung (siehe Kap. 4) besprochen und der aktuelle Stand festgehalten wird. Dies kann von der Gemeinschaft selbst, von Kirchenvorsteher:innen ober ebenso von kirchlichen Mitarbeitenden wie Pfarrpersonen, Sozialdiakon:innen, Gemeindeschreibenden (Verwaltungsposition) usw. gemacht werden. Zentral wären dabei die Freude und die Bereitschaft, sich der eigenen kirchlichen Entwicklung zu stellen.

Abschließend ist es für uns zentral zu betonen, dass in einer Evaluation, gerade bei jungen kirchlichen Gemeinschaftsformen, immer ein aktueller Stand der Entwicklung abgebildet wird, der sich aber häufig in ein paar Monaten schon wieder verändert hat. Forschung und (Selbst-)Evaluationen bilden also einen Entwicklungsstand ab und können so Stärken und Schwächen der jeweiligen kirchlichen Gemeinschaft aufzeigen. Mehr aber als dies bergen sie die Möglichkeit, überhaupt wahrzunehmen, was alles entstanden ist (und sich darüber zu freuen!), gemeinsam Entwicklungspotenzial zu identifizieren und nächste Schritte in der Kirchenentwicklung zu gehen.

11 Nachwort: Kirche wagen

Unter dem Motto «Kirche wagen» führt die Kirchgemeinde Zürich den mit dem Zentrum für Kirchenentwicklung (ZKE) begonnenen Prozess zur Gemeindeentwicklung weiter.

Der Zusammenschluss der 32 früheren Kirchgemeinden in Zürich zu einer Grossgemeinde im Jahr 2019 bot die einzigartige Chance, Gemeindeentwicklung im urbanen Kontext neu zu denken. Neben der klassischen Gemeindearbeit vor Ort in den Quartieren (neu: in den zehn Kirchenkreisen) erlaubt der Zusammenschluss eine gesamtstädtische Perspektive, die Raum für Experimente und für nicht ortsgebundene zielgruppenspezifische Angebote ermöglicht. Das Stadtkloster und Zytlos stehen prototypisch für solche Angebote.

Die Kirchgemeinde Zürich hat mit dem ZKE einen dreistufigen Prozess initiiert: Zunächst hat das ZKE eine Bestandsaufnahme gemacht, welche neuen Gemeinschaftsformen in der Kirchgemeinde Zürich bereits praktiziert werden. Die daraus resultierende «Biotopstudie» hat aus einer Sammlung von über 30 Vorschlägen acht Beispiele näher untersucht und klassifiziert, u. a. Zytlos als «coffee church» und das Stadtkloster als Vertreter des «new monasticism», entsprechend den im internationalen Diskurs üblichen Kategorien.

Die vorliegende Publikation legt dar, wie in einem zweiten Schritt anhand dieser beiden Gemeinschaftsformen ekklesiale Kriterien abgeleitet wurden. Als Kirchenpflegerin für das Ressort Pfarramtliches und OeME (Ökumene, Mission und Entwicklung) lag es mir besonders am Herzen, neue Gemeinschaftsformen nicht in erster Linie anhand von betriebswirtschaftlichen Merkmalen zu bewerten, sondern gemäss ihrem Beitrag zur Entwicklung der Kirchgemeinde. Ich bin daher froh, dass wir mit der Handreichung ein wertvolles Instrument haben, um neue, aber ebenso bestehende und traditionelle Gemeinschaftsformen auf ihr «Kirche-Sein» befragen können. Die Handreichung ist auch deshalb ein hilfreiches Instrument, weil sie sich sowohl zur Selbstanalyse als auch für eine externe Evaluation nutzen lässt.

Im Oktober 2021 hat die Kirchgemeinde Zürich die Handreichung in einem Pilot-Workshop beim «Bistro ufem Chilehügel» in Altstetten im Kirchenkreis neun das erste Mal in der Praxis bei einem anderen Projekt getestet. Dieser Pilot-Workshop führte zu einer methodisch sehr vielversprechenden Weiterentwicklung der Handreichung: Viele der neuen Gemeinschaftsformen in der Kirchgemeinde Zürich pflegen eine ausgeprägte diakonische Praxis, die eine vertiefte ekklesiologische Analyse verdient. So erarbeitete eine Gruppe mit Vertreter:innen der Sozialdiakonie und des Pfarramts und dem ZKE eine Matrix, die die Handreichung mit der Zwölf-Felder-Tafel im Diakoniekonzept der

Zürcher Landeskirche (2012) verknüpft. Jedes Feld dieser Matrix enthält praktische Fragen zur Selbstevaluation der diakonischen Praxis unter den Themen Wertschätzung, Gestaltung und Gastfreundschaft.

In einem dritten Schritt hat die Kirchgemeinde Zürich einem Instrumentarium mit mehreren Komponenten zugestimmt, um ihre eigene Entwicklung systematisch zu begleiten. Regelmässige Evaluations-Workshops neuer (und auch bestehender) Gemeinschaftsformen anhand der erweiterten Handreichung ist nur einer dieser Bausteine. Daneben wird eine «Biotop»-Datenbank aufgebaut, die quantitative Merkmale der Gemeinschaftsformen erfassen und damit vergleichbar machen soll. Die Prozesse zur Ressourcenallokation für verschiedene Gemeinschaftsformen sind systematisiert. Weiterhin ist ein Visionsprozess angestossen, der ab 2024 umgesetzt werden soll. Auch hat der Pfarrkonvent ein Positionspapier erarbeitet, das Impulse aus der Pfarrschaft in die Kirchgemeinde tragen soll.

Das Projekt zwischen der Kirchgemeinde Zürich und dem ZKE stand (und steht) unter dem Titel «Vitale ekklesiale Vielfalt». Diesen Anspruch will die Kirchgemeinde weiterverfolgen – in aller Unvollkommenheit und im Wissen, dass wir dazu immer wieder auf die inspirierende Kraft des Heiligen Geistes angewiesen sind. So wollen wir miteinander weiterhin in alten und neuen Gemeinschaftsformen «Kirche wagen».

Barbara Becker, 21. März 2023

12 Bibliografie

«AsIPA in der Schweiz | asipa.ch». Zugegriffen am 20. April 2017. https://asipa.ch/asipa-in-der-schweiz.

Bauer, Christian, Katharina Karl, Ute Leimgruber und Matthias Sellmann (Hg.). «Pastorale Evaluation». Lebendige Seelsorge 73, Nr. 3 (2022).

Blumer, Herbert. «What is Wrong with Social Theory?» American Sociological Review 19, Nr. 1 (1954): 3–10. https://doi.org/10.2307/2088165.

Bolger, Ryan K. (Hg.). The Gospel after Christendom: New Voices, New Cultures, New Expressions. Grand Rapids, MI: Baker Academic, 2012.

Bosch, David J. Transforming Mission. Paradigm Shifts in Theology of Mission. Maryknoll, NY: Orbis Books, 1991.

Church of England. «Research and Statistics». The Church of England, 2021. https://www.churchofengland.org/about/research-and-statistics.

Cray, Graham (Hg.). Mission-Shaped Church: Church Planting and Fresh Expressions of Church in a Changing Context. 5. Aufl. London: Church House Publishing, 2004.

Cray, Graham, Moira Astin, John Clark, Lyle Dennen, Damian Feeney, Robert Freeman, Sally Gaze, u. a. Mission-Shaped Church: Church Planting and Fresh Expressions of Church in a Changing Context. London: Church House, 2004.

Dinter, Astrid. Einführung in die Empirische Theologie. Gelebte Religion erforschen. Göttingen: Vandenhoeck & Ruprecht, 2007.

Döring, Nicola, und Jürgen Bortz. «Evaluationsforschung», in: Forschungsmethoden und Evaluation in den Sozial- und Humanwissenschaften, von Nicola Döring und Jürgen Bortz, 975–1036. Springer-Lehrbuch. Berlin, Heidelberg: Springer Berlin Heidelberg, 2016. https://doi.org/10.1007/978-3-642-41089-5_18.

Engelsviken, Tormod. «‹Missio Dei›. Verständnis und Missverständnis eines Theologischen Begriffs in den Europäischen Kirchen und der Europäischen Missionstheologie», in: Missio Dei heute. Zur Aktualität eines missionstheologischen Schlüsselbegriffs, hg. von Evangelisches Missionswerk in Deutschland in Kooperation mit: Evangelische Kirche von Kurhessen-Waldeck, 35–57. Weltmission heute – Studienheft 52. Hamburg, 2003.

Evangelische Kirche Mitteldeutschland. «Erprobungsräume – Kirche anders entdecken, gestalten, erleben». Erprobungsräume, 2021. https://www.erprobungsraeume-ekm.de.

Flick, Uwe, Ernst von Kardorff und Ines Steinke (Hg.). Qualitative Forschung. Ein Handbuch. 2. Aufl. Rororo Rowohlts Enzyklopädie 55628. Hamburg: Rowohlt Taschenbuch Verlag, 2003.

«freshexpression schweiz | kirche | erfrischend | anders». Zugegriffen am 5. Mai 2020. https://www.freshexpressions.ch.

Frost, Michael, und Alan Hirsch. The Shaping of Things to Come: Innovation and Mission for the 21st-Century Church. 2. Aufl. Grand Rapids, MI: Baker Books, 2013.

Grünschloss, Andreas. «Missio Dei». In: Religion in Geschichte und Gegenwart. Handwörterbuch für Theologie und Religionswissenschaft, hg. von Hans Dieter Betz, Don Browning, Bernd Janowski, und Eberhard Jüngel, 5:1271–1272. Stuttgart: UTB, 2008.

Gutmann, David, Fabian Peters, André Kendel, Tobias Faix und Ulrich Riegel (Hg.). Kirche – Ja bitte! Innovative Modelle und strategische Perspektiven gelungener Mitgliederorientierung. Neukirchen-Vluyn: Neukirchener, 2019.

Heath, Elaine A., und Larry Duggins. Missional. Monastic. Mainline.: A Guide to Starting Missional Micro-Communities in Historically Mainline Traditions. Eugene, OR: Cascade Books, 2014.

Hennecke, Christian, und Birgit Stollhoff. Seht, ich schaffe Neues – schon sprosst es auf: Lokale Kirchenentwicklung gestalten. Würzburg: Echter, 2014.

Herbst, Michael. «Die Mission der Kirche erproben», in: Erprobungsräume. Andere Gemeindeformen in der Landeskirche, 440–449. Leipzig, 2021.

Herbst, Michael. «Erprobungsräume als Erlaubnis zum Experiment in der Transformationskrise der Kirche», in: Kirche neu denken – Kirche erproben. Auf der Suche nach neuen Formen kirchlichen Lebens, hg. von Georg Hofmeister, Gunther Schendel, Hubertus Schönemann und Carla J. Witt, 123–138. Leipzig: Evangelische Verlagsanstalt, 2023.

Herbst, Michael. «Innovationskultur – Mut zu neuen vielfältigen Gemeindeformen». epd-Dokumentation H. 14 (2016): 52–60.

Michael Herbst. «Reformation re-visited», in: Gottes Kirche re-imaginieren. Reflexionen über die Kirche und ihre Sendung im 21. Jahrhundert, hg. von Walter Dürr und Ralph Kunz, 17–38. Glaube und Gesellschaft, Bd. 3. Münster, 2016.

Herbst, Michael, und Hans-Hermann Pompe. Regiolokale Kirchenentwicklung. Wie Gemeinden vom Nebeneinander zum Miteinander kommen können. ZMiR:klartext. Dortmund: ZMIR, 2017.

Hermelink, Jan. Kirchliche Organisation und das Jenseits des Glaubens. Eine praktisch-theologische Theorie der evangelischen Kirche. Gütersloh: Gütersloher Verlagshaus, 2011.

Karle, Isolde, und Michael Domsgen. Praktische Theologie. 2., korrigierte Auflage. Lehrwerk Evangelische Theologie, Bd. 7. Leipzig: Evangelische Verlagsanstalt, 2021.

Koeniger, Kolja, Gunther Schendel und Carla J. Witt. «Vom Testfall lernen: Zur Evaluation der »Erprobungsräume« in der EKM – ein Werkstattbericht». Praktische Theologie 55, Nr. 1 (1. Mai 2020): 52–58. https://doi.org/10.14315/prth-2020-550110.

Kuhrt, Stephen. «Messy Church and the Challenge of Making Disciples». In: Being Messy, Being Church: Exploring the Direction of Travel for Today's Church, hg. von Ian Paul, 155–167. Abingdon: The Bible Reading Fellowship, 2017.

Lings, George. «The Day of Small Things – An Analysis of Fresh Expressions of Church in 21 Dioceses of the Church of England». Sheffield: Church Army's Research Unit, 2016. https://churcharmy.org/wp-content/uploads/2021/04/the-day-of-small-things.pdf.

Lüftenegger, Marko, Barbara Schober und Christiane Spiel. «Evaluation und Qualitätssicherung». In: Psychologie für den Lehrberuf, hg. von Detlef Urhahne, Markus Dresel und Frank Fischer, 517–532. Berlin, Heidelberg: Springer Berlin Heidelberg, 2019. https://doi.org/10.1007/978-3-662-55754-9_26.

McLaren, Brian D. A New Kind of Christian. A Tale of Two Friends on a Spiritual Journey. San Francisco: Jossey-Bass, 2001.

Mobsby, Ian. Moot Community Little and Compline Services. London: Proost, 2009.

Mobsby, Ian, und Mark Berry. A New Monastic Handbook: From Vision to Practice. Norwich: Canterbury Press, 2014.

Moynagh, Michael. Church for Every Context. An Introduction to Theology and Practice. London: SCM Press, 2012.

Müller, Sabrina. «Church Development from a Missional Perspective». Mission Studies 36, Nr. 1 (2019): 127–44. https://doi.org/10.1163/15733831-12341621.

Müller, Sabrina. «Ecclesiology in Ecclesial Movements Such as Fresh Expressions of Church», in: Wiley Blackwell Companion to Qualitative Research and Theology, hg. von Pete Ward und Knut Tveitereid, 219–230. Hoboken, NJ: Wiley-Blackwell, 2023.

Müller, Sabrina. Fresh Expressions of Church: Ekklesiologische Beobachtungen und Interpretationen einer neuen kirchlichen Bewegung. Zürich: Theologischer Verlag Zürich, 2016.

Müller, Sabrina. «New Monasticism: Accountability in Christian Communities». In: Western and Eastern Perspectives on Religion and Religiosity, hg. von Sarah Demmrich und Ulrich Riegel, 115–130. Research on Religious and Spiritual Education 14. Münster: Waxmann, 2021.

Müller, Sabrina. «Vitale ekklesiale Vielfalt. Ekklesiologische Biotopbeschreibung der Stadt Zürich. Dokumentation: COFFEE&DEEDS, Green City Spirit, Hoch3, Ladenkirche, Sonnegg, Stadtkloster, Streetchurch, Zytlos». Zürich: ZKE, 2019.

Müller, Sabrina. «Vitale kirchliche Gemeinschaftsformen und ekklesiale Vielfalt in der Kirchgemeinde Zürich. Detailanalyse: Stadtkloster und Zytlos. Schlussbericht mit Empfehlungen für den Umgang mit neuen ekklesialen Gemeinschaftsformen zuhanden der reformierten Kirchgemeinde Zürich». Zürich: ZKE, 2020.

Müller, Sabrina, und Patrick Todjeras. «Theological Empowerment of Lay Leaders: A Citizen Science Project in Switzerland and Austria». Ecclesial Practices 8, Nr. 2 (2021): 185–198. https://doi.org/10.1163/22144471-bja10028.

Przyborski, Aglaja, und Monika Wohlrab-Sahr. Qualitative Sozialforschung: Ein Arbeitsbuch. 4. Aufl. Lehr- und Handbücher der Soziologie. München: Oldenbourg Verlag, 2014.

Rahner, Johanna. «Mess-Intentionen? Das Anliegen pastoraler Evaluation in gnadentheologischer Reflexion». Lebendige Seelsorge 73, Nr. 3 (2022): 158–164.

Rebecca John Klug. Kirche und Junge Erwachsene im Spannungsfeld: Kirchentheoretische Analysen und eine explorative Studie zur ekklesiologischen Qualität ergänzender Ausdrucksweisen des christlichen Glaubens. Göttingen: Vandenhoeck & Ruprecht, 2020.

Roest, Henk de. Collaborative Practical Theology: Engaging Practitioners in Research on Christian Practices. Theology in Practice 8. Leiden: Brill, 2019.

Ross, Cathy. «An Exposition and Critique of the Five Marks of Mission». in: Ekklesiologie in missionarischer Perspektive. Beiträge zur siebenten Theologischen Konferenz im Rahmen des Meissen-Prozesses der Kirche von England und der Evangelischen Kirche in Deutschland, in Salisbury/England (2011) = Ecclesiology in mission perspective, hg. von Christoph Ernst, Christopher Hill, Leslie Nathaniel, und Friederike Nüssel, 146–157. Leipzig: Evangelische Verlagsanstalt, 2012.

Schlag, Thomas. Öffentliche Kirche. Grunddimensionen einer praktisch-theologischen Kirchentheorie. Theologische Studien NF 5. Zürich: Theologischer Verlag Zürich, 2012.

Schlag, Thomas. «Praktische Theologie als öffentliche Freiheitslehre. Thesen zu ihrer Verortung und ihren Perspektiven». Pastoraltheologische Informationen 35, Nr. 2 (2015): 89–96.

Schlegel, Thomas, Jörg Zehelein, Claudia Heidig, Andreas Turetschek, Stefanie Schwenkenbecher und Heike Breitenstein. «Landaufwärts – Innovative Beispiele missionarischer Praxis in peripheren, ländlichen Räumen – Die Greifswalder Studie», in: Freiraum und Innovationsdruck. Der Beitrag ländlicher Kirchenentwicklung in ‹peripheren Räumen› zur Zukunft der evangelischen Kirche, hg. von Kirche im Aufbruch, 171–344, 2016.

Schröder, Christian. «Mehr Drama bitte!» EUANGEL, 5. Mai 2018.

Schulz, Marlen, Birgit Mack und Ortwin Renn (Hg.). Fokusgruppen in der empirischen Sozialwissenschaft. Von der Konzeption bis zur Auswertung. Stuttgart: Springer VS, 2012.

Segura-Guzmán, Osías. «Iglesias Emergentes in Latin America». In: The Gospel after Christendom: New Voices, New Cultures, New Expressions, hg. von Ryan K. Bolger. Grand Rapids, MI: Baker Academic, 2012.

Sobetzko, Florian, und Matthias Sellmann. Gründerhandbuch für pastorale Start-ups und Innovationsprojekte. Würzburg: Echter, 2017.

Sozialwissenschaftliches Institut der EKD. «EKD-Kirchenmitgliedschaftsuntersuchung», 2021. https://www.siekd.de/portfolio/ekd-kirchenmitgliedschaftsuntersuchung.

Stolz, Jörg, und Edmée Ballif. Die Zukunft der Reformierten: gesellschaftliche Megatrends – kirchliche Reaktionen. 2. Aufl. Zürich: Theologischer Verlag Zürich, 2010.

Todjeras, Patrick. ‹Emerging Church› – ein dekonversiver Konversationsraum. Eine praktisch-theologische Untersuchung über ein anglo-amerikanisches Phänomen gelebter Religiosität. Beiträge zu Evangelisation und Gemeindeentwicklung 28. Göttingen: Vandenhoeck & Ruprecht, 2020.

Todjeras, Patrick. «Missio Dei – Gott, seine Mission und die Kirche». In: Fresh X - Frisch. Neu. Innovativ. Und es ist Kirche, hg. von Hans-Hermann Pompe, Patrick Todjeras und Carla J. Witt, 57–70. Neukirchen-Vluyn: Neukirchener, 2016.

Todjeras, Patrick, Benjamin Limbeck und Elisabeth Schaser. «Vielleicht schaffen wir die Trendumkehr». Eine Studie zu Wachsen und Schrumpfen von Kirchengemeinden im Pommerschen Evangelischen Kirchenkreis. Leipzig: Evangelische Verlagsanstalt, 2022.

Vellekoop, Martijn. Fingers crossed. Developments, lessons learnt and challenges after eight years of pioneering. Utrecht: Protestantse Kerk, 2017. https://www.lerenpionieren.nl/wp-content/uploads/2017/01/Fingers-Crossed-fresh-expressions-in-the-Netherlands.pdf.

Vereinigte Evangelisch-Lutherische Kirche Deutschlands. «Das Augsburger Bekenntnis – VELKD». Zugegriffen am 27. März 2020. https://www.velkd.de/theologie/augsburger-bekenntnis.php.

Vicedom, Georg F. Missio Dei. Einführung in eine Theologie der Mission. München: Kaiser, 1958.

Warren, Robert. Auf dem Weg der Erneuerung. Vitale Gemeinden entwickeln und leben. BEG-Praxis. Neukirchen-Vluyn: Neukirchener, 2018.

Warren, Robert. Vitale Gemeinde. Ein Handbuch für die Gemeindeentwicklung. BEG-Praxis. Neukirchen-Vluyn: Neukirchener Aussaat, 2013.

Zapf, Wolfgang. «Über soziale Innovation». Soziale Welt 40 (1+2) (1989): 170–183.

«Zentrum für Kirchenentwicklung UZH». Universität Zürich. Zugegriffen am 6. Februar 2020. www.theologie.uzh.ch/de/faecher/praktisch/kirchenentwicklung.html.

Zimmer, Miriam. «Kirchenentwicklung gestalten mit Evaluation. Eine Theorie des Wandels». Lebendige Seelsorge 73, Nr. 3 (2022): 165–171.